歴史という教養

片山杜秀
Katayama Morihide

河出新書
003

まえがき

「歴史教養書」がよく読まれるのだそうです。なぜでしょうか。そもそもここで言う「歴史教養書」の「教養書」とはどんな本のことを言うのでしょう?

「教養」という言葉には何通りかの意味があると思います。ひとつは英語のリベラル・アーツの訳語です。遡《さかのぼ》れば、古代ギリシアにたどり着くでしょう。

古代ギリシアの哲学者、プラトンは、ひとり部屋に籠《こ》もって著作に励む人ではありませんでした。何よりもまず教育者でした。アテネ近傍のアカデメイアに学校を開いていました。アカデメイアはアカデミーの語源です。権威ある学問の行われるところ、賢者の集まるところがアカデミーでしょう。

ではプラトンは学校で何を教えたかったのか。哲学です。哲学はこの世に真理をもたらす最高の学問であり、哲学をよく修めた人間は哲人になります。哲人が政治を行い、世を治めれば、それがすなわち哲人政治です。プラトンの考えた理想の政治でした。

哲人政治の反対概念は、大勢を政治に参加させるデモクラシーですが、プラトンに従えば、真理に縁遠い人々がいくら集まっても、まともな政治を行えるはずもない。哲人政治がいちばんなのです。

すると、哲人を養成するためにはいかにすべきか。いきなり哲学を学べばよいのか。無理でしょう。世界の真理を徹見《てっけん》するには、哲学を極めることが必要ですが、物事には順番があります。世界のいろいろを知らねばならない。

世界を客観的に認識するのは、理系の学問でしょう。プラトンは、代数と幾何と天文学と音楽を、哲学の前提と考えました。音楽はリズムや音程の体系であって、リズムはもちろん数字で数えられるもの。音程も弦や管の長さで調律できるものですから、これも数。絵画が幾何でかなり理解できるように、音楽は、平面の幾何学的秩序を、音と時間に投影した、自然科学的秩序と理解されていました。したがって、音楽が、天文学や幾何と並んでも、古代ギリシアにおいてはおかしくない。それが常識でした。

ところが、プラトンの弟子のアリストテレスになると、哲学の前提になる学問は理系科目だけでは足りないとしました。哲学は結局、言葉でするものでしょう。言葉の論理や修辞法、詩法、雄弁術も学ばねば、哲学が実るはずはない。

そのあとも、哲学を究めるための前提となる学問は、変遷を続けました。が、基本はプラトンとアリストテレスで定まったと言ってよいでしょう。プラトンからアリストテレスにつながる時代は紀元前五世紀から四世紀になりますが、紀元前一世紀になると、古代ローマの人、キケロが、その前提となる学問を七つとし、それらは「自由七科」と呼ばれました。代数と幾何と天文学と音楽、それに文法と修辞学と論理学で七科。

なぜ、この「七科」に「自由」と付くのか。人間が自由にものを考えられるための前提がこの七つの教科だから「自由人になって自由な視野を持って勉強して世の中をこぎわたってもいけるし、深い勉学も可能にするための七教科」という意味で「自由七科」なのです。

この古代ギリシア・ローマの言わば人間形成についての極めて具体的な思想は、いったん歴史の後景に退きますが、ギリシア・ローマを再生させる運動の時代であるルネサンス期に思い出され、ルネサンス以降のヨーロッパの大学のカリキュラムをかたちづくって、リベラル・アーツと呼ばれるようになります。

そんなリベラル・アーツの日本近代における訳語として用いられてきたのが、「教養」という言葉のひとつの来歴です。といっても、その頃には、リベラル・アーツの意味は、古代ギリシア・ローマやルネサンスのようなわけには行かなくなっていました。

リベラル・アーツをよく学べば、世界の一通りが理解でき、その意味で、リベラル・アーツを学んだ人間は狭いものの見方にとらわれず、不確かなものに惑わされず、自由になり、ついに、世界の真理をつかんで哲人の域に達するための、最高の学問の領域に入って行ける。その学問とはまず哲学であり、ヨーロッパの軸にキリスト教が通ってからは神学になる。

これが建前だったのですけれど、時代が下るにつれ、学問は、哲学ないし神学を最高とする普遍の体系ではなくなってゆきます。もっと散らばってゆく。ルネサンスから近代啓蒙へ。神についての学問が中心ということはなくなる。人間理性に頼る時代になる。

しかし、神学に相当する水準の人間学は確立しませんでした。法学、経済学、政治学、社会学、哲学、心理学、美学、文学、数学、物理学、化学、工学、天文学、地学などなど。専門が枝分かれしてゆき、リベラル・アーツも格下げされてしまう。

つまり、世界の真理に至るための土台固めとしてのリベラル・アーツから、それぞれの専門を学ぶための前提としてのリベラル・アーツへ。広い視野を持つということでは同じですが、レベルは一段階か二段階か下がってしまっている。

たとえば大学で「教養教育」という言い方が長年されてきました。二〇〇二年の中央教育審議会の答申書は、戦後の新制大学での「教養教育」を次のように位置付けています。「我が国の大学における教養教育は、戦後、米国の大学のリベラルアーツ教育をモデルに一般教育として始まった。新制大学は、一般的、人間的教養の基盤の上に、学問研究と職業人養成を一体化しようとする理念を掲げており、このため、一般教育を重視して、人文・社会・自然の諸科学にわたり豊かな教養と広い識見を備えた人材を育成することが目指されたものである」

このように、古典的リベラル・アーツの理念を、日本の戦後もそれなりに継承している。しかし、この「教養教育」の上に乗るのは、もちろん「真理を極めて哲人的な総合知を完成させる教育」ではなくて「専門教育」です。大学はユニヴァーシティなどと言って、その名称は、哲人として世界を全的・普遍的（ユニヴァース！）に理解する賢者を養成するための機関という意味の名残りなのでしょうが、その大学での「教養教育」は、せいぜい「（専門的）学問研究と職業人養成を一体化しようとする理念」の一環としての「教養教育」であり、いわゆる「専門バカ」にならない程度にいろいろ入口くらいは知っておきましょうというくらいの「教養教育」になっているのでしょう。

とすれば、そんな言葉づかいから類推される「今日の教養」の意味合いとは、「世界の真理の扉を開く力」とか、あるいは（もはや世界に真理などないと思い知る段階に立ち至っているのがこの時代とするならば）「正解なき危険な世界をなおも自由にこぎわたる力」とか、そういう「本来の教養」からはずいぶん遠ざかっているでしょう。

「歴史教養書」という名辞も、「歴史専門書」より一段か二段か下の、「お手軽な間口の広い本」というニュアンスを多分にはらみつつ用いられているのではないでしょうか。

それがよくないとは思っていません。「教養書」なんてそんなもの。たかが教養書。とはいえ、されど教養書ではないでしょうか。

リベラル・アーツの本義に則せば、「教養書」は「人を自由にする書物」でなければならず、「自由人になって自由な視野を持って世の中をこぎわたっていける書物」でなければいけない。「歴史教養書」は歴史の入門ではなく、歴史を知ることで、現在未来をおのれが自由に生きられる術を手にする本でなければならない。

そのためには、どのように歴史と向き合えばよいのか。「教養としての歴史」とは何か。とてつもない大問題で、正直、浅学菲《ひ》才《さい》の著者の手には余る大ぶろしきを、いきなり広げてしまっておるのですが、そういうつもりの本を始めてみたいというわけでございます。

ということで、この本は、日本史の本でも世界史の本でも、古代史の本でも現代史の本でもありません。歴史を真の教養にするための試行錯誤の道で七転八倒してみようという本なのでございます。

目次

第五章 歴史と付き合うための六つのヒント

序章

「歴史」が足りない人は野蛮である

歴史的に考える、ということ

「アウシュヴィッツ以後、詩作は野蛮である」。テオドール・アドルノの箴言《しんげん》です。

アドルノは一九〇三年に生まれ、一九六九年に亡くなったドイツの哲学者で社会学者。作曲家、音楽批評家でもありました。フランクフルト学派と呼ばれる思想グループの中心人物と言われています。

はて、彼はなぜ、アウシュヴィッツ以後、詩を作ることを野蛮だと考えたのでしょうか。解釈はいろいろとありうると思います。とはいえ、大筋では読み違えようなく、ひとつの解釈を導く名文句に違いありますまい。

まず、アウシュヴィッツとは、もちろん土地や施設のことだけでなく、そこで起こった歴史的事象をも込みにした言葉です。「アウシュヴィッツ以後、詩作は野蛮である」とは、アウシュヴィッツでなぜあんなことが起きたのかを、歴史のスパンを長くして考えれば考えるほど、重くなってゆく言葉なのです。歴史を知れ！　そういう叫びがこもっています。「何々以前」と「何々以後」では、同じこと（たとえば詩作をすること）でも意味が変わるという考え方も、まさに歴史的思考です。歴史的思考に対抗するのは、たとえば数学的思考でしょう。足し算をするのだったら、一と一なら「アウシュヴィッツ以前」でも「アウシュヴィッツ以後」でも二です。

数字で合理的に物事を考えようとする人はそれでいい。でも歴史的に考えるということは、それとは違うのです。アドルノは歴史でものを考えることを当たり前にできた偉大な思想家でした。それはやはり、アドルノが思想家よりも作曲家になろうと元々はしていたことと、深い関係があるでしょう。

音楽はメロディやリズムですけれど、たとえば三拍子のワルツは歴史抜きにあるものではない。

ワルツを、アクセントが一拍目で、円を描くようなリズムで、拍の長さは均等ではなく後ろのほうを粘ったほうがワルツらしくなるとかいった、情報でとらえようとしても限界がある。それがどこでどのように踊られ、イメージが作られて、人々に優雅さなら優雅さ、ノスタルジーならノスタルジーをなぜ掻き立てるのかを知らないと、そして実際にワルツで人が踊っている現場を経験し脳内にいつでも再現できるようにならないと、作曲するのでも演奏するのでも、踊るのでも聴くのでも、ワルツらしくならない。

メロディも、古風だな、モダンだな、あれと似ているな、といったところで味わうものですから、音楽とは、つまり歴史なのです。

アドルノが哲学者や社会学者のカテゴリーに入る人物なのに、ときに歴史家以上に歴史家らしいのはそのせいでしょう。いつも聞き耳を立てて、あれと似ている、似ていないと考えている。そんな態度が身についている人は歴史に愛されます。

アウシュヴィッツとナチスの論理

いや、アウシュヴィッツのことです。どういう歴史を背負っているのか。

ナチス・ドイツは、ソヴィエト連邦と手を組んで、一九三九年にポーランドを侵略し、それで第二次世界大戦が始まりました。ポーランドはたちまち独ソ両国に占領されます。ナチス・ドイツは、そのポーランドの南部のオシフィエンチムという町のそばに、一九四〇年、強制収容所を開きました。オシフィエンチムは鉄道の要衝で、ヨーロッパの東西南北から人や物を集めてくるのに都合がよかったのです。

収容所施設は次第に増殖しました。三つの強制収容所がオシフィエンチム近郊に作り上げられることになりました。それらをまとめてアウシュヴィッツ強制収容所と一般に呼称しているのです。

ナチス・ドイツはなぜ強制収容所を作ったのでしょうか。

ナチスの思想の根幹にはアーリア人至上主義があります。アーリア人の定義はとても難しいのですが、少なくともナチス的にはインド゠ヨーロッパ語族の祖語に想定された言葉を話していた人たちのことでしょう。

大昔に祖語があって、サンスクリット語、ペルシャ語、ラテン語、ギリシア語、スラヴ語などが分かれて、現代につながる。祖語からたくさんの言葉が系統樹的に分かれてインド＝ヨーロッパ語族を構成するというのは、今も支持されている人類の言語の歴史の仮説ですが、ナチスにつながるアーリア人至上主義は、そこから大きく飛躍して、疑似科学化、エセ宗教化してゆきました。

その流れはだいたいこんな具合です。

インド＝ヨーロッパ語族に含まれる言語を話す諸民族が、古代から現代まで、世界の文明のかなりの部分を作ったと言えるだろう。優れた文明が可能になるのは、他の言語よりもインド＝ヨーロッパ語族の諸言語が知性を育てるのに秀でた言語だからであり、その祖語を作り上げて話していた人々は人類の知性の源と言える。ではそれは誰かというと、アーリア人と呼ばれる人々であったに違いない。アーリア人の子孫は世界でいろいろな民族と混血し、さまざまな言語を生み出していったのであろうが、混血が少なく、民族的にも言語的にも世界最優秀のアーリアの種を今に伝えるのはゲルマン民族とゲルマン系の言語である。ナチスの信ずる神話では、アーリア人は金髪で碧眼で白い肌の人々であり、ゲルマン民族は混血が少なかったのでその形姿をよく受け継いでいるという。よってドイツ人とドイツ語は世界最高であり、その純粋性を侵害するものは追放され殲滅《せんめつ》されなければならない。ナチスの論理です。

なぜ、ユダヤ人が?

だから、ナチスは、民族浄化のために追放区や強制収容所、絶滅収容所を必要としました。収容所という隔離空間には、たとえゲルマン民族であろうと、精神障害者や同性愛者、共産主義者などは送り込まれました。彼らは世界最優秀のゲルマン民族をもっと高めながら増やしてゆくために不要と認定されたからです。

共産主義者は民族でなく階級でものを考えるから要らないのです。ゲルマン民族というまとまりについて積極的に思考できない。ゲルマン民族にもブルジョワ資本家とプロレタリアート労働者階級がいるし、ユダヤ人にも同様にいる。共産主義者は、プロレタリアートとそれへの共鳴者を、民族や国籍の違いを超えて仲間と思える、インターナショナルな思考様式に従う人々です。ゆえにナショナルなナチスはそれを許せません。

そう、ユダヤ人です。ナチスはユダヤ人を目の敵にし、排他主義を前面に押し出すことで、ドイツ国内での人気を拡大し、政権獲得につなげました。アウシュヴィッツに送り込まれた最大のグループもユダヤ人です。

ユダヤ人はなぜ目の敵にされるのか。

ユダヤ人の言語であるヘブライ語は、アラビア語などと兄弟言語であり、当時の言語学ではセム・ハム語族に属するとされていました。今日の言語学ではハム語族の存在は否定されていますが、いずれにせよ、ユダヤ人は、インド゠ヨーロッパ語族内の優劣の体系で考えるナチスの世界観からは完全にこぼれている。アーリアの仲間ではない。それなのになぜドイツに混じり込んでいるのか。ナチスの疑似科学にはまってしまえば、ユダヤ人は排除されるべき異物に見えてくるのです。

全部ユダヤのせいになる

しかもそれは、インド゠ヨーロッパ語族かセム・ハム語族かという言語学的問題ばかりでない。

ナチス・ドイツ擡頭《たいとう》の原因には、第一次世界大戦の敗戦によってドイツに戦勝国から科された重い賠償金の負担への国民の怨嗟《えんさ》があり、一九二九年のアメリカ発の世界大恐慌に巻き込まれたドイツ経済の大混乱があります。ドイツの払う賠償金で得をしているのは結局、戦勝国のイギリスやフランスやアメリカの国際金融資本であり、それはすなわちユダヤ人勢力であるというのがナチスの論法でした。

実際、ヨーロッパの歴史における金融業の発展は、シェイクスピアの『ヴェニスの商人』を思い出していただければ分かる通り、キリスト教会が信者の利殖と蓄財を歓迎しなかった伝統のせいもあって、ユダヤ教徒に担われる部分も多く、金融資本主義の象徴としてのユダヤというイメージはとても受け入れられやすいものでした。

そして、ゲルマン民族の職を奪っているのもユダヤ人である。貧しく差別されたユダヤ人がウクライナやポーランドからドイツに移ってくる。ドイツでは第一次世界大戦の敗北によって、強権的な帝政が崩壊。ワイマール共和国という自由主義的な国家体制に切り替わりました。移民もどんどん来る。過激な政党の活動も、政治的自由がありますので、ナチスも共産党も承認される。安く働く移民が来れば、ドイツだろうが日本だろうがアメリカだろうが、少しでも人件費を削りたいという資本主義の原則が働きますので、貧しい移民層に仕事が行くということはある。もともとドイツで働いていた人たちは、自分たちが失業するのは移民が来るせいだと思う。移民にはユダヤ人が多いらしい。

そこに世界大恐慌となれば、貧しい移民のユダヤ人だって職を失うのに、やはり職を失うゲルマン民族は、世界経済の構造的理由から説明されてもピンと来ないので、そばに住んでいるユダヤ人のせいだと考えたがる。

もう少し知性のある人は、自らの情況を世界経済との相関から理解しようとするでしょうが、国際金融資本もユダヤなのだとすれば、少なくともナチスの論法からすると、どのみちみんなユダヤのせいになってしまう。それに共鳴する人がドイツにそれなりにいたから、ナチス・ドイツは成立した。これぞまさに貧すれば鈍す。全部ユダヤのせいだというナチスが支持を集めた所以《ゆえん》です。

そうして政権を取ったナチスは、ほんとうにユダヤ人排除を始めました。収容所が必要になる。アウシュヴィッツもできる。だが、それだけではありません。

究極の合理主義

アウシュヴィッツが機能していた一九四〇年からの六年間、ドイツはずっと戦争です。ソ連やイギリスやアメリカを同時に相手にすることになりました。膨大《ぼうだい》な兵員と軍需物資を要する。生産のための労働者はいくらいても足りない。第一次世界大戦を超える規模の国民総動員状態となる。

けれど、ナチス・ドイツは資本主義体制を保っている。労働させたら労賃を払うのが、資本主義でも社会主義でも変わらぬ原則でしょう。福利厚生も必要です。大切な自国民を無理に働かせて、病気になったらさようならでは、誰も真面目に働きませんし、軍需生産も保てません。

しかし、ドイツの現実はどうか。ヒトラーの経済政策が、スターリンの五か年計画を真似る具合で、政府による公共投資を増大させ、景気の回復にある程度成功し、ドイツの産業を立ち直らせてきたといっても、ナチスの政権奪取から第二次世界大戦開始までわずか六年にすぎません。対ソ戦争と対英米戦争を同時に支える軍需物資を、それなりの労賃を払って作り続けられるわけはない。

そうなのです。アウシュヴィッツは「不要な人々」をガス室に送るためだけの施設ではありませんでした。それはソ連にとっての「シベリア的なるもの」でもありました。強制収容所空間は強制労働空間でもありました。

ドイツの大資本、クルップやジーメンスといった大企業の工場が設けられ、捕まって収容所に送られた人々は、劣悪な環境のもと「ただ働き」させられ、福利厚生もなく、使いものにならなくなった「労働力」は「処分」されていった。強制労働空間は思想改造空間である場合もありますが、もっと即物的に労賃節減空間であったのです。

大戦争継続のためにいかに人件費を節減するか。対価を払わないか。安くあげるか。面倒をよく見ながら、恩恵を与えながら働かせるのではなく、ただ銃で怖がらせて無理やり働かせる。動けなくなったら治療して労働力として再生させるのではなく、片付けてしまい、代わりの誰かをまた連れてくる。究極の合理主義です。経済合理性という意味では。

忘れない、ということ

いったい、アウシュヴィッツで何人が殺されたのでしょうか。第二次世界大戦後にナチス・ドイツの戦犯を裁いたニュルンベルク裁判では四〇〇万人とされました。さすがにそれは多すぎるのではないか。現在では公称一五〇万人かと思います。それでも多すぎるという意見もありましょうが、歴史にもまれな大量殺人が行われたことは事実でしょう。

アウシュヴィッツはこれだけの歴史を背負っているのです。その事実はもう世界の歴史に刻まれてしまった。

歴史は事実の集積であり、経験であり、記録です。記録は焼却できるかもしれない。経験も経験者が死に絶えれば消滅するかもしれない。記録も経験もなくなってしまえば、事実もないも同然になるかもしれない。

いや、経験は忘れることもできる。昨日、一〇〇万人殺しても、忘れることはできる。人間はいやなことは特に忘れたがります。忘れることに失敗するとトラウマになりますが、逆に言うと、いやなことがみんなトラウマになるわけではありません。忘れ損ねたことがトラウマになるのです。

アドルノは忘れないタイプの人です。歴史の側に立ちます。だから「アウシュヴィッツ以後、詩作は野蛮である」のです。

なぜ詩作なのか。アウシュヴィッツの犯罪の主体を考えねばなりません。それはアドルノを含むドイツ人なのです。ヒトラーやナチスだけの責任には還元しきれない。ワイマール共和国の民主主義的な制度を使って、選挙にそれなりに勝って、しかもそのときから排外主義をはっきり掲げていたナチスなのです。それを許したドイツ人全般が免罪されるとは虫のよい考え方でしょう。

そして、ドイツとは詩の国、音楽の国と称されてきました。ヨーロッパの近代化の流れにおいては、イギリスやフランスに後れを取ったけれど、何しろドイツは大詩人、ゲーテを生み出した。もちろんベートーヴェンもいる。ヨーロッパの文化の華。それが近代ドイツのひとつのイメージでした。

そのドイツ人でも、貧すれば鈍したのです。世界大恐慌に巻き込まれれば、ヒトラーを選んでしまう。第一次世界大戦の敗北と、世界大恐慌と、優れているはずのドイツ人がこんな惨めな思いをしているのはおかしいという歪んだ自負心。まさにドイツの歴史からアウシュヴィッツという歴史的事実が生まれた。

このアウシュヴィッツという事態を噛《か》みしめて忘れないでいれば、それ以前のように屈託なく美や理想をドイツ人が歌いあげられるはずはない。アドルノの言う「野蛮な詩作」とはおそらくあらゆる詩作ではないでしょう。人間が真善美に生きられるという天真爛漫《らんまん》な確信に支えられた、理想主義的な詩作のことでしょう。

もちろん、ここで言う「詩作」を詩人の仕事に限って考えてもあまり意味はないでしょう。それは文化芸術全般の創造活動の象徴でしょう。小説も絵画も音楽も演劇も、もはや能天気ではいられない。アウシュヴィッツの事実を忘れないでいるならば。

詩の国、音楽の国のドイツ人でも、貧すればそういう選択をしてしまうのだ。とすれば、これはもう主語はドイツ人ばかりである必要もない。文明人や文化人と自称するすべての世界の人間が、条件次第ではアウシュヴィッツを繰り返しかねない。そういうことです。似たようなまねはいつでも起こりうるということです。だから反芻《はんすう》していなくてはならない。

野蛮人になるというのか

アウシュヴィッツを反芻しない能天気な文化芸術上の創作は、自らが野蛮人になりうるおそろしさを忘却し、うぬぼれているのだから、それはもう「野蛮人の証明」である。

野蛮人でない人間とはアウシュヴィッツを忘れない人間です。つまり重い荷物をいつも背負い続けるということです。そういうつもりでいたら、素直に美しい詩なんて書いていられないでしょう。屈託がにじむ。それが大事なのです。それが歴史を背負うことです。

一方、野蛮人とは楽をしたがる人です。重い荷物を放り出して、すぐ解放されたと思って、過ぎ去ったことを忘れるのが野蛮人なのです。野蛮人とは歴史を忘れる人のことでしょう。特に意図的にわざと忘れる人は性質の悪い野蛮人と呼べるでしょう。

そのときの歴史とはアウシュヴィッツである必要はありません。世界大恐慌でも満州事変でも高度経済成長でも「ベルリンの壁崩壊」でも「バブル景気」でもなんでもよい。楽しい思いも辛い思いも、よく覚えておればこそ。トラウマになったらトラウマに耐えてこそ。そうしてこそ人間は野蛮人から抜け出せるのです。

背負っているものが重ければ、そこから何を思って発言するにせよ、その言葉は一定の重みを持ちます。

「ポッダム体制」の打破を主張しながら、「ポッダム宣言」を読んでいない政治家がいるとしたら、その人の言葉はとても軽いでしょう。いや、そもそも「ポッダム体制」の打破を言うのに「ポッダム体制」を作り上げた「ポッダム宣言」を知らないとなったら、打破する中身も分からないことになりますから、「ポッダム体制」打破を叫ぶ政治家が、仮に「ポッダム宣言」を読んでいなかったとしても、それをカミング・アウトすることはありえません。その政治家が野蛮人でないとしたらの話ですが。それでも正直に告白するとなれば、その政治家は正直な野蛮人なのでしょう。

アドルノの箴言を出して、アウシュヴィッツを例にしたのは極端すぎたかもしれません。しかし、歴史を背負うか否かが、野蛮か野蛮でないかの分かれ目だということが、歴史を考えるときの大前提だと思うのです。その意味で、アドルノの言葉ほど、われわれの生にとって歴史とは何かを問う言葉はないように思われます。

歴史とは、子泣き爺である

とにかく歴史を意識し続けることがわれわれを野蛮から救うおそらく唯一の道なのです。正の歴史にせよ、負の歴史にせよ、成功の歴史にせよ、失敗の歴史にせよ、われわれはみんな背負い続けてゆくべきだと思います。それが教養としての歴史を身につけた人間の生き方というものです。

そんなのはたいへんだ！　なんでも背負っていたら重くなりすぎてしまう。そう心配なさる向きもあるかもしれない。その通りです。

かといって地面にめりこんで沈没するとは限りません。重荷に耐えて、なおも動けるように自らを鍛錬すればいいのです。歴史的思考の鍛錬です。たくさんのしかかってくる歴史をこなし、操り、飼いならし、役立てるための鍛錬です。それができれば、たとえばアウシュヴィッツの後でもいくらでも詩は書けます。底抜けに楽しい詩は書きにくくても、含蓄のあるビターな詩ならアウシュヴィッツ以後ほど書きどきの時代はないでしょう。

わが身で受け止められる歴史の積載荷重を大きくしてゆくしかない。それを背負ってなおも自由に動き回れるくらいに自分の馬力を高めなくてはならない。加速度的な変化にさらされ続け、次から次へと大きな歴史的体験を背負い込む、近代以後に生きるわれわれの宿命です。

歴史とはおんぶお化けみたいなものです。背中に付いて離れないのです。しかし、だんだん重くなるという点では、おんぶお化けよりも子泣き爺こそ歴史かもしれません。

子泣き爺は幼児のように泣くのだけれども、爺である。爺というのは歴史です。昔からずっと折り重なって年輪を重ねているから歴史は老人の姿をとるのでしょう。

しかもどんどん重くなるのが子泣き爺です。老人なのに重いというのは子泣き爺が歴史や時間を表す妖怪だからではないでしょうか。でも赤ちゃんである。歴史を参照することで、われわれはほんとうに新しい世界に行けるのです。なぜなら歴史を知らないと、既に前にあったことを新しいと思ってしまうからです。新しさはお手軽に溢れ出てきます。野蛮人の世界では。

それから子泣き爺が泣くのはアラームではないでしょうか。歴史とはアラームなのです。歴史は繰り返すというのはウソと言えばウソですが、そういうときはこういうふうに展開するといった類似例の宝庫ではあります。

歴史を知っても先が見通せるわけではない。そっくりそのまま繰り返すということはありえない。なぜなら、この世に登場人物とそれをとりまく諸条件がまったく一緒になることはありえないからです。その意味で歴史的事象は唯一です。アウシュヴィッツはアウシュヴィッツだけです。

でも似たことは起きる。その似たこととは歴史的順序の中で把握されねばなりません。強制収容所で大勢が死んだというといいちばんのトピックだけを切り出して、こんなことは二度と人類が起こしてはなりません、という程度の話をすることが、アウシュヴィッツのアラームを聴いていることになるでしょうか。

昨日まで優しかったドイツの人々が、貧すれば手のひらを返して、自分たちの苦境の原因を、深く分析しようとせず、手近に存在する「社会の異物」に求める。その結果、排他主義がどこまで行くか。また、極限状態に追い詰められながら、それでも人をもっともっと安く使おうとしたら、どんな悪魔の知恵が浮かぶのか。

そんなパターンで考えれば、今日の世界にはアウシュヴィッツのアラームがいくらでも鳴っている。一五〇〇万人か四〇〇〇万人殺すばかりがアウシュヴィッツではないのです。

歴史は泣いている

　歴史を学ぶとは、もちろん歴史的事実を知ることですが、それ以上に筋道を学ぶことであり、筋道をどう見つけるかは、ものの見方の問題になります。

　即物的事実だけを屹立《きつりつ》させて、これが歴史だと叫んでみても、それは決定的瞬間の写真だけを眺めているようなもので、前後の経過を映画のようにずっと見なくては歴史を学ぶことにはなりません。決定的瞬間だけを意識していても、なぜそのような瞬間が訪れたかというストーリーに思いを致さなかったら、また似たような決定的瞬間が来てからはじめて気づくということにもなりかねません。それが素晴らしい決定的瞬間ならよいのですが、破局的な瞬間だったら泣くに泣けないでしょう。

　そういうときに「想定外」という決まり文句を人は口にします。が、想定外とは想像力の甘さの言い換え表現にすぎず、想像力の甘さは、歴史的事象を筋道の中でとらえる訓練の欠如からもたらされるのです。歴史に学んでいれば回避できたかもしれない、似たような悲劇を繰り返してしまうのは、やはり褒められたことではないし、頭のよい人のやることでもないでしょう。

　ですから、似たような悪い出来事の二度目以降の繰り返しは、もはや悲劇とは呼べない。二度目は喜劇なのです。ドイツの哲学者、ヘーゲルは「歴史は繰り返す、一度目は悲劇として、二度目は喜劇として」と言い、カール・マルクスもその言葉にこだわりました。愚か者のやることは喜劇なのです。

「分かっちゃいるけど、やめられねえ」という歌の文句とも重なるかもしれません。なぜ「分かっちゃいるけど、やめられねえ」のか。それはほんとうには分かっていないからでしょう。

歴史からの学びが足りないから、目の前の事態を見ても、肝心なことに思いが至らない。そのうちにまた来るのです、悪いことが。そうやって失敗を繰り返すようなことがあれば、それは子泣き爺の泣き声の聴き方に問題があるのです。泣き声の意味を聴き分けなければいけないのです。歴史は泣くものなのです。今も泣いていますよ、あなたの耳元で。

「アウシュヴィッツ以後、詩作は野蛮である」。このアドルノの箴言を改めてよく味わわなくてはなりません。味わい方が足りないと、「歴史」が足りなくなります。

そのとき、あなたの言葉は、時間と空間の厚みを失って安っぽくなり、あなたの行動は独りよがりになって説得力を失い、あなたの事実認識は前例を知らないのでやること起きることを何でも新しいと錯覚し、あなたの思考は歴史と経験の厚みを持たないので何事も場当たり的になり、あなたが成功や失敗に学ぼうとしても、それが起きるスパンをとらえ損ね、成功と失敗の決定的瞬間のイメージしか持たないので何も学べず、かえって大きく間違え、あなたの態度は物事の生成のスパンを間違えるので忍耐も我慢も欠き、刹那《せつな》の変化に溺《おぼ》れて、あなたのアンテナは短絡という〝悪認識〟から逃れられず、危機も危機と思わず、好機も好機と思わず、あなたは因果連関の見えないアンバランス・ゾーンの中に堕《お》ちて行くのです。

あなたはあなたの置かれた歴史的環境の中で、あなたの子泣き爺を拾わなくてはなりません。そして子泣き爺の重さに耐える、歴史を学び今に活かす者としての足腰の強さと腕力を持たねばなりません。そこに道は開けます。

第一章

「温故知新主義」のすすめ

温故知新主義

歴史に学び、今に活かす。歴史知らずの無神経な野蛮人に転落しないように気を付けて生きる。そのような、歴史に立脚し歴史を指針とする姿勢にとりあえず名前を与えてみたい。通りよく「歴史主義」でもよいのですが、使い古されて、多くの意味が入ってしまっており、新たな定義を盛り込みにくいので、ここでは「温故知新主義」という新語を提案してみたいと思います。

「温故知新」は『論語』の言葉です。『論語』は、中国古代の春秋時代、西暦で言うと紀元前六世紀から五世紀にかけて生きた、孔子とその弟子たちの言葉をまとめたとされる書物。全二〇篇で構成されます。その第二篇の「為政」に「子曰温故而知新可以為師矣」とある。「温故知新」の出典です。

読み下しのしようはいろいろとありますが、たとえば「しいはく、ふるきをたずねてあたらしきをしれば、もってしたるべし」というのがポピュラーでしょう。「子」とは聖人孔子のことなので、「曰」を単に「いはく（いわく）」と読んでは大先生に対する尊敬の念が入らないからおかしいと考えて、「のたまはく」と読み下すものも多いのですけれども。

朱子はこう言っている

それはともかく、「故きを温ねて新しきを知る」というときの「故き」とは、何を意味しているのでしょうか。『論語』の注釈は、古来さまざまに施されてきました。代表的な注釈には、朱子の『論語集注《しっちゅう》』があります。朱子学の朱子です。姓は朱、名は熹。中国の宋代、西暦一二世紀の大学者です。

『論語集注』で朱子は「温故知新」をこう解釈します。「故」は「旧聞」。昔、聞いたこと。誰から何を聞くのかというと、朱子の解釈では、師から弟子が学んだことが旧聞ということになります。勉強した内容が「故」。「ふるき」とは、きのうでもおとといでも、一年前でも五年前でも、とにかく今より前ですから古い。前に師から弟子が習った内容が「故」だと言うのです。

すると「温」は何でしょうか。朱子は、ここでの「温」とは「尋」と同意だと言います。「尋ねる」ということ。習ったことを尋ねる。習ったことは家や人でなくて知識ですから、知識を訪問するとは、即ち復習を意味します。

復習すると「知新」。何を言っているのでしょうか。朱子によると、「新」とは「今、習ったこと」ないしは「今、習うこと」。あるいは「今、分かったこと」ないしは「今、分かること」。前に習ったことをよく復習したうえで、今日、新しいことを勉強する、新しいことを師に習う、新しいことを考える。そうすると、前のことも新しいこともより深く沁《し》みたかたちで悟れるようになる。まるで受験生の心得みたいな話です。

　とはいえ、以前習った昔のことには歴史も入るでしょうから、歴史をよく知ると今もよく分かるというのが、朱子の解釈でも「温故知新」であると、言えなくもありません。でも、朱子の話は、やはりかなり学問に限定しての解釈ですから、そこから「歴史に学んで今に活かす」のが「温故知新」だと広げるのは、やや拡大解釈かもしれません。

　この朱子による、師弟関係や学習態度の問題としての「温故知新」の解釈は、もちろん朱子よりも前代の有力な解釈を受け継いでいるところもあります。『論語』というのは教育の現場の初歩に役立つ本として読まれてきた歴史があるのです。

　そして、そんな朱子の読み方は後代にも絶大な影響を与えました。稽古事のおさらい会、成果発表会を温習会と言いますが、まさに朱子的な「温故知新」の思想の表れです。習ったことを温める。しっかり熟成させる。そうすると次のステップに行ける。教育思想書としての『論語』の読み方として狭く読むと「温故知新」は学習指導要領の言葉のひとつになってしまうかのようです。

伊藤仁斎はこう言っている

そんな朱子の読み方を批判しながら深めた日本の思想家に、伊藤仁斎《じんさい》がいます。江戸時代前期、西暦一七世紀の京都の儒学者。儒学とは孔子の学問であり、『論語』を学ぶことが重要です。この時代の日本の儒学は宋代の朱子の解釈に基づく傾向が主流でしたが、仁斎は、朱子の読みにも学びつつ、彼の独自の仕方で『論語』を理解しようとしました。

しかし、その仁斎でも、「温故知新」に関しては、大筋では朱子と同じような読みをしているでしょう。仁斎による『論語』の解釈書『論語古義』でも「温故」は師から教えてもらったこととの復習の意と取られています。

学んだことをよく嚙みしめて忘れないようにしないと、せっかく一度覚えたこと、理解できるようになったことも、無駄になり、いつの間にか、またゼロ地点に戻ってしまう。だから、復習ほど大事なものはない。このあたりは、仁斎と朱子とで、大きな解釈の違いはないでしょう。

でも「知新」のほうになると、仁斎の独自色があらわれます。朱子よりも能動的に解釈しようとしている。新しいことを習うのではなく、自分で全く新しいことを考えつく。仁斎はそういう意味合いで「知新」を理解しようとします。

昔の学びをいくら反芻《はんすう》しても、世の中は変わってしまいますから、昔の知恵そのままでは、対応できないことがある。そこで新しきを知るというのは、昔と積極的に関係づけられるとは限らない、ほんとうにまるっきり新しいことを思いつくという意味ではないのか。それが仁斎流の「知新」でしょう。

しかも仁斎においては、「温故而知新」の「温故」と「知新」を、朱子のように「よく復習すれば、新しい学びも深く生きてくる」という一種の因果関係で有機的につなごうという解釈があまりなされていない具合に読めてしまう。「温故」と「知新」を並列のようにとらえている。そういうニュアンスが酌《く》める。「師に教えてもらった内容をよく復習すること」と「復習と関係ないところで、自ら斬新なアイデアを思いつくこと」の両面が組み合わさってこそ、人間はこの複雑な世界をこぎわたることができる。それが仁斎流の「温故知新」でしょう。

遠近両用の歴史センス

以上の朱子と伊藤仁斎の「温故知新」解釈から、歴史への処し方を学ぼうと思っても、ずいぶんたくさん学べます。でも「温故」の「故」の解釈ゆえに、やや隔靴《かっか》搔痒《そうよう》ではないでしょうか。「故」が「師に教えてもらったこと」、「習ったこと」だと、やはり狭義の教育論になってしまう。習わなかったことは知らなくていいのか。「歴史に学ぶ」というのは過去への際限なきアプローチでなければなりません。

師に習うこと、誰かに教えてもらうことが「温故」であったら、それは教室の中だけの話にとどまります。習い事です。

歴史を学ぶというのは師に習うだけのものでしょうか。そんなことはない。

あらゆる感度を充実させて、過去に聞き耳を立てる。過去はむろん無尽蔵。町の風景にも、道路の一条にも、家の壁のひびわれにも、野山の風情にも、今日の常識的観念にも、使う言葉にも、人の服装にも、考え方にも、料理にも、寝台にも、夢の出来事にも、たまたま観たテレビ・ドラマの台詞《せりふ》の片言隻句《へんげんせっく》にも、きっと全部なんらかの歴史が宿っているに違いない。それらすべてにアンテナを立てるのが歴史の感度の充実ということです。

そんなに何でもかんでも学べるはずもない。吸収し消化できるはずもない。でも、その不可能性を引き受ける。拾うだけ拾う。そこから考えるヒントをつかもうとする。拾ったものがどうヒントになるのか。

事象を拾うだけでは活きない。何年何月何日に誰がどうしました。それがどうしたの？それでは歴史は死物だ。

死物を活物にするのはセンスだ。歴史を眺めるセンスだ。遠近両用メガネをかけて、近くから遠くから、周囲の様子もつかまえて、歴史的事象を見る。脈絡、筋書きを発見して、今とどこが重なり重ならないかを探り、考え、ヒントにできるところはヒントにする。過去を振り返って今を生きるとはそういうことです。

したがって歴史を眺めるセンスを磨かなくてはならない。遠近両用メガネを磨かなくてはいけない。遠近両用メガネとはつまりスパンの設定です。遠くから見るか近くから見るか。その事象が起きたところだけをピンポイントで見るか。カメラを引いてロング・ショットにして前後一年でとらえるか、それとも三年か一〇年か一〇〇年か。そこが自由自在にならないと、実は大した教訓も引き出せないのが歴史というものです。

そうした不可能性を最初から帯びた行を引き受け続ける。それが歴史に学ぶということではないでしょうか。全部分かって活かそうとしても、所詮《しょせん》は無理なのだけれど、だからといって、決して諦めない。謙虚に歴史に学び続け、そこから現在と未来への糧《かて》を得ようとする。

昔の話なんて意味がない?

どんなに優れた歴史家でも昔のことは全部分からない。調べれば分かることでも、世界中の歴史となったら、人間が何十年勉強しても追いつくわけはない。何十年勉強している間にも、その何十年分の歴史が増えてゆく。

おまけに歴史には、経済史も、政治史も、社会史も、芸術史も、科学史も、産業史も、その他多くの○○史がある。個人史だってある。一億人がいれば一億人の歴史がある。ひとりで世の歴史を知り尽くすことはありえない。

あらゆる史料を読みつくすのは全能の神以外にはできません。しかも史料が残っていないものがごまんとある。もうお手上げには違いありません。

でも、お手上げをお手上げといったらニヒリズムに堕《お》ちます。ニヒリズムこそ、歴史を愛する者の最大の敵です。昔の話なんてどうでもいいよ。意味なし。くだらない。今と何の関係があるんだ。そもそも今もくだらないんだよ。つまらないことを言うな。歴史なんて。信用できないよ。

ああ！　そうなったらおしまいです。意味があるのだ。あくまで意味があるのだ。昔も今も人間は生きているのだ。どんなに悲惨な歴史でも、そこに意味がなかったら、昔の人は何のために生きていたのだ。今の私は何のために生きているのだ。そう思わなかったら歴史と向き合えるはずもない。過去にひたすら謙虚になる。

黒田恭一という音楽評論家は晩年に「過去に出会った音楽はみんなわたしの先生」といった境地に到達したと思いますが、そのくらいまで行かないとだめだ。朱子や伊藤仁斎の教室の光景を、「孔子が先生」ではなく「みんな先生」にまで拡大解釈しなくては歴史の話はできません。みんな先生！　この境地です。「歴史教」の説教みたいになってしまっていますが、そんなものではないですか、歴史とは。

自己愛は歴史愛になる

歴史の総体を引き受けて、どんな些細な断片も引き受けて、現在に活用しようとする。無理と分かりながら努力を怠らない。そこはやはり好きでないとだめかもしれない。愛は無償の力を呼び覚まします。「温故」のためには「歴史愛」が必要です。

歴史的知識はもしかして役に立つかもしれないが、役に立たないかもしれない。そんなふうに効用で測っていては、もしも歴史に学ぶことが自分の人生にとって効率のよくないことだと思えて来たら、興味は続かない。何か歴史そのものに駆り立てられないと興味は保てない。

どうしたら駆り立てられるのか。やはり自己の存在証明へのこだわりでしょう。自己愛は必ず歴史愛になる。昔の写真のアルバムを作って大事にする。その人の存在証明であり、存在証明は過去からの積み上げによって強固になる。いつどこで生まれたか、いつ何をしたのか覚えていないと、存在感が弱まる。そう考えるのが普通でしょう。

記憶喪失を巡るドラマがなぜ常に作られ続けるのか。存在の不安という人間の根底にふれるからです。存在の不安は、記憶の消滅において最も過激になるものではないでしょうか。私は心理学者でも精神病理学者でもないのでよく分かりませんが。

でも記憶の喪失は時間からの解放だというよりも、時間から捨て去られたのだと感じるほうが自然に思えます。特に何かをまだしたいと思っている人間には致命的でしょう。何かをしたいとは、以前に何をしたか、何ができなかったか、ということから導かれるのが自然でしょうから、記憶がないとその導きの糸が切れてしまう。

記憶とは過去の思い出でしょう。それはすなわち歴史です。歴史がないと不安になる。人間は歴史なしでは生きられない。歴史があるから、この先どうするかも考えようとする。過去と現在と未来のつながるひとすじの道をイメージすることで、人間は生きられる。現在という点だけに立脚していては、足元がとても頼りなく感じる。

もしも、歴史を忘れて今の目の前の現実しか分からなくて、しかもそれを足元の危うさと結びつけないでやりすごそうとしたら、というか足元が危うい事実を忘れてしまおうとしたら、それは現在に熱狂して我を忘れているしかない。忘我の陶酔。それを個人的に作り出すのは性的快楽や麻薬などでしょうが、その状態を社会的、政治的に作り出そうと運動するなら、それはファシズムと呼ばれます。

詐術を見抜くために

ファシズムの時代を生きた社会学者、カール・マンハイムの定義によれば、ファシズムとは歴史の失われた地点からあらわれるのです。今だけの陶酔になるのです。そうならないためには歴史が必要なのです。

もちろんムッソリーニもヒトラーも歴史を語るのです。しかし、その歴史語りは、今に熱狂することを正当化するための詐術としての歴史であり、都合よく作ってしまうのです。言うたびに変わってしまっていることもある。

それを見抜くためにどうすればいいのでしょうか。「温故知新」しかありますまい。

誰かに都合のいい物言いに懐疑の目を向ける。歴史にこだわれば単純なストーリーにはたいてい懐疑の念が巻き起こるものです。だって歴史とは複雑窮《きわ》まるものなのですから。

それをミクロにマクロに丹念に解きほぐそうとし、歴史に学んで今に生きる人間になろうとして努めていれば、しかもそれが自分のたどってきた歴史、先人の通ってきた歴史への愛に貫かれていれば、健全で前向きな懐疑主義に人は到達するはずです。これぞ「温故知新」の精神です。

荻生徂徠はこう言っている

といっても私が勝手にそんなことを申して、偉大な朱子や伊藤仁斎に異議を申し立てていても説得力に乏しい。ならば、そういう意味で「温故知新」を解釈している思想家はいないのか。

おります。たとえば荻生徂徠《おぎゅうそらい》がそうでしょう。

やはり江戸時代前期の儒学者。伊藤仁斎よりも三九歳下になります。仁斎は三代将軍徳川家光の時代に生まれ、五代将軍綱吉の時代に亡くなる。徂徠は四代将軍家綱の時代に生まれ八代将軍吉宗の時代に逝く。重なって生きている時期も長い。徂徠もまた儒学者。朱子や仁斎の読みを『論語』についても乗り越えようとしました。

すると、荻生徂徠は「温故知新」をどう読んだのでしょうか。

徂徠は『論語徴《ろんごちょう》』において「温」の解釈については朱子も仁斎も間違っていると言います。「温」と「尋」が同義だというけれど、それは中国古代の春秋時代における「温」という漢字の使われ方の研究が足りないゆえの誤読だというのです。

では徂徠は「温」を何だというのか。同義なのは「習」だと、徂徠は考えます。朱子や仁斎では「温故」は「習ったことを復習する」意に解されますが、徂徠だと「故」を習うのが「温故」になります。復習ではないのです。「故」をさまざまなかたちで学ぶことは、どれもみんな「温故」なのです。

　では「故」とは徂徠においては何か。徂徠は、朱子と同じく宋の儒者だけれども年代では朱子に先んじる邢昺《けいへい》の『論語』の注釈で「故」を「旧学び得たる所」としていること、および朱子の『論語集注』で「旧聞く所」としていることを合わせて間違っているとしました。すでに習ったことが「故」でそれを復習するのが「温故」では、徂徠に言わせれば、あまりにものの考え方がぬるいのです。

　どういうことか。徂徠は過去も現在も未来も「事の変ずることは窮まり無し」、つまり何がどうなるか常に見定めがたいものととらえているのです。

　その世界をこぎわたる確実な術などない。そのことを聖人孔子はよく分かっている。ところが朱子や仁斎は、教室で先生に何もかもよく教えてもらえれば、世の中をじゅうぶんに渡れる人間はいくらでも育てられると錯覚しているところがある。有為転変《ういてんぺん》の世界に対する認識が朱子や仁斎は弱い。世界の確実性をそれなりに疑っていないから、習ったことを復習するとよく分かり、新しい事態にも対応できてうまく運べるなどと、「安全神話」のようなのんきな口調で君子然として言っている。

　徂徠はもっと危機的に物事を考えます。切羽詰まっているというか、ギリギリというか。たくさんのことを学んで、センスを磨いて、それでも何とかなるかどうか。政治も社会も経済も一寸先は闇。その苦しさにめげず、不安に慄《おのの》きすぎて立ちすくまないように、学問をする。その学問の種、思考の種こそ「故」です。

あらためて温故知新とは

徂徠は「故」の字を、先生の教えてくれたことではなく、「国の故」、「天下の故」、「幽明の故」、「典故」、「故実」の「故」であると言います。この場合の「故」は、和語に読み下せば「こと」や「もと」でしょう。「国の故」なら「国のこと」、「天下の故」なら「天下のもと」と読める。「もと」は基や本でもありますが、元でもある。元は大元や元素の元ですけれど、元国会議員とか元公務員とかでも元です。つまり、前にどうだったかというのが「もと」。「国の故」とは国の故事来歴、「天下の故」とは世界の故事来歴と解することができます。

徂徠は述べています。「凡そ先世の伝ふるところの者は、皆之を故と謂ふ」。そう、先の世のこと、昔のことで、伝わっている事柄は、みんな「故」だとするのが徂徠の解釈なのです。まさに故事来歴の故。それは今日の言葉でいえば歴史に他ならないでしょう。先生から習ったことを復習するのが「温故」ではない。過去にあったさまざまなことを学ぶ。あらゆることを知ろうとする。万巻の書物をひもとく。国の履歴を、世界の履歴を、さまざまな時代や人や仕組みの詳細を知る。それが「温故」。「新」については、徂徠は仁斎と同じではないでしょうか。徂徠は言います。「新」とは「古人の言はざる所、先師の伝へざる所」を意味する。新しく習うことではなく、過去とは重ならない新しい出来事に新しい発想で対処しようとするのが「知新」だというのです。習えないことが起きるのが変転極まりない世界の現実だし、師から学んだことを積み上げて応用すれば、簡単に対処できることではないのです。

徂徠の注釈だと、文章が簡単すぎるので、「温故」と「知新」の関係は明快に書かれているとは言えませんが、歴史を学ぶことと、歴史を学ぶだけでは対応不能な、一々がすべて新しい現在・未来を乗り越えて行く発想法を身に付けることがセットになっていることは、自明と思われます。かくして徂徠の「温故知新」とは、歴史に学んで今を生きる力を養うことと解せるでしょう。「温故知新」で生きよう。これこそ知恵のある者の人生の処し方というものでしょう。

臆病こそが正しい

では具体的にどうすれば「温故知新主義者」としてふるまえるのか。徂徠の言葉を再び引けば「事の変ずることは窮まり無し」なのです。いくら歴史から学んでも、変化が窮まり無く過去のパターンから読み解けないのが現在・未来だとすれば、「温故知新主義者」は謙虚な相対主義者になるほかないでしょう。

いくら歴史を習ってもそれで今の正解が分かるわけではないし、もしかするとこれから起こることだけではなく、もう起きていることについてもやはりよく分からないのかもしれない。正解を得たと思ったら、別の史料が出てきて覆るかもしれない。同じ事実をとらえても、同じ文章を読んでも、違う史観に基づけば、価値観が異なれば、ものさしの当て方が相違すれば、引き出されるものも違ってしまう。現に世界の古典と言うべき孔子の『論語』でさえ、読み手が違えば、有名な文言ですら、先ほどみたように、いくらでも解釈が違う。

とすれば、謙虚に歴史に向き合い続けるしかないし、歴史を活かして今を切り抜けようとしても、自信を持って道を選べることには恐らくならない。かといって、やるときはやらねばならない。そこは賭けになります。正解が事前には分かりようがないとすれば、数学の問題のように正解に至れないとすれば、選択は賭けでしかない。

謙虚な相対主義者でも賭けるときは賭けなければならない。立ちすくんで何も選べないようなら歴史に学んだかいがない。歴史から引き出した知恵で未来を占って賭けるのです。賭けに負けたら退場するのです。

「温故知新主義者」は、謙虚であり、ほんとうの正解は見つけられないと思っている相対主義者です。

歴史を学んでいれば、「あのとき、ああしておけば、ああなったかもしれない」という事例に無数に行き当たるので、常にいろいろな可能性について考えるようにもなります。「ああしておけばよかったのに、そうしてしまった」ということが、歴史でもある。

成功者にもそれは言えるし、ましてや失敗者の事例はほぼすべてそうです。その意味で歴史は間違えの集積である。自分も間違えるかもしれない。かといって、重大局面にさしかかっても、手をこまねいて何もできないのでは仕方ない。そもそも何もしないのも既にひとつの選択であり、過去を生き、今を生き、未来を生きるとは、いつも何かを選択していることです。

だから間違えを恐れているばかりではしようがない。いくら考えても、歴史を振り返って石橋を叩いても、間違える率はやはりいつも多分にある。ゆえに「温故知新主義者」は臆病になるし、臆病な他人に対しても優しくなるでしょう。臆病こそが正しい。臆病でない者のほうを疑う。「温故」を深めれば深めるほど、そうなります。

しかし、どうせ間違える率が高いからと言って、消極的になるのも「温故知新主義者」のやることではありません。なぜなら「温故知新主義者」は「温故主義者」だけではなく

「知新主義者」でもなければならないからです。

「事の変ずることは窮まり無し」という世の中の行方など、誰にも分かるわけはありません。でも「温故」を活かして「知新」に励まねばならない。人間には生きている限り現在と未来があるのですから。「温故主義者」は歴史の道楽者にすぎません。そんな「温故」だけなら、歴史は今を生きることに対してほとんど無意味なものにしかなりません。「温故」を活かして「知新」に賭ける。それで倒れるもまたよし。「温故知新主義者」の生き方です。

第二章

「歴史好き」にご用心

「温故知新」の敵を知れ

「温故知新主義」をもっと説明しなければなりません。とはいえ、細かく理屈を立てていくのは、なかなか困難です。主義とは言っているものの、理論で説き明かせる話でもありません。歴史から何を学び、どう活かして、「知新」するか。それは、ひとりひとりの、歴史への興味の持ち方と、持続のさせ方と、今を生きる立場と、未来への希望の持ち方と、不安の持ち方との、化学反応で決まるしかない。人の数だけ「温故知新」はありうるのです。

しかし、それではあまりに漠然としています。でも「温故知新主義」の敵ならば、ある程度は明らかにすることができる。敵というのは言い過ぎの場合もありますけれど、とにかく反りが合わないものがいろいろあります。それらの敵、反りの合わないもの、相性のよくないもの、ずれているものを見れば、そこから際立つかたちで「温故知新」という生き方のイメージも、幾分なりかは、はっきりしてくるでしょう。

1　人には守りたいものがある——「保守主義」という落とし穴

何を保守するのか

「保守主義」という言葉があります。

「歴史に学んで今に活かす」とか『論語』の「温故知新」の態度に徹しようとか申しますと、それはつまり保守主義ではないかと思われる方も多いと想像します。

しかし、それも定義のしようということになるでしょう。保守主義というのは、そもそもとても曖昧《あいまい》な概念です。かなりどうとでも言える。けれど、そんなことを申していては議論にならないので、保守主義とは何か、本書なりの整理を試みてみましょう。

日本語の保守主義は、英語で言うところの conservatism の訳語として定着したものかと思います。conservatism とは conservative な主義でありましょう。conservative には keep や protect の意味があるという。keep は保つで、protect は守るでしょう。そのままつなげれば保守です。

では保守主義は、何を保守するのか。保守するからには既にあるものです。まだないものやもうなくなったものは保守できません。したがって保守するものは歴史的現実になるでしょう。

既にあるものは必ず歴史を経てあるものなので、ドラえもんのポケットの中から出てくるわけではない。歴史的因果連関なしに存在するものはないのです。したがって歴史と保守は相性がいいとも言える。

実際、歴史家には、既にあるものを破壊したくて歴史を研究している人もいますが、既にあるものを尊重したくて歴史好きになっている人も多い。城郭史の専門家で歴史的遺構を壊したがる人がいるでしょうか。だいたい保守したい人でしょう。城郭に値打ちがあると思うから城郭を研究するので、そんなものは無価値で壊したほうがよいと考えている人は、そもそも城郭を研究対象に選びますまい。

保守主義者はこう考える

戦後日本の歴史家で保守主義者というと、たとえば近世ドイツ史の泰斗《たいと》、林健太郎が思い出されます。

一九六八年から翌年にかけての「東大紛争」のときには東京大学の文学部長をしていた人でもある。最初の著書が太平洋戦争中の『独逸近世史研究』で、かつての河出新書の一冊としても一九五六年に『歴史と人間像』を刊行しています。その林の著書『移りゆくもの影』（一九六〇年、文藝春秋）から引いてみましょう。

「ところで日本の思想界の欠点とはどういうことであろうか。それは一口で言えば思想というものが生活から遊離しているということだと思う。そしてそれが、『進歩的』と言われる人にとかく多いのである」

「日本の進歩を希うのなら、現実に日本の社会が進歩している姿を見て、それを一層おし進める努力をすべきだと思うのに、そういう事実を無視して『革命』を説いたりするのは、ただ革命という言葉をもてあそぶものだと言われても仕方なかろう。ひとつの実例をあげれば、戦後の日本の農村の進歩したことは非常なものであるが、そういうことを少しも見ようとしないで、岩手県の山奥のことばかり言って日本の農村を論ずるのはおかしい」

突然、岩手県の山奥の農村の話が出てきましたが、もちろん林が岩手県に対して差別的な事柄を述べようとしているわけではなく、一九六〇年頃の日本の「進歩的」な学者知識人が、岩手県の山奥の農村を例に挙げて、戦後日本の政治と経済がうまくいっていないとさかんに述べていたことへの反論なわけです。

『大怪獣バラン』という日本映画が一九五八年に作られましたが、そこでバランは岩手県の山奥で祀《まつ》られている荒ぶる神であって、その怪獣が岩手県から出てきて東京を襲撃する。そうした物語をおかしくないと思えてしまうのが、当時の岩手県の山間部につきまとっていた日本社会一般のイメージであったとも言えます。

「進歩的学者」に限らず、日本の大衆文化においても、岩手県は怪獣が出てきてもおかしくない秘境の扱いを受けていた。「日本のチベット」という言い方もされました。母方のルーツを岩手県に持つ私としても愉快ではない話ですが、そういうイメージのあったことは歴史的事実に違いありません。

閑話休題。引用させてもらった林健太郎の文章を貫く価値観。それが保守主義です。

歴史的現実としての今に立脚して、そこから物事を押し進める。歴史的現実としての今から消え去った過去のものや、今には影も形もない未来に単に想像されるものに立脚して今を考えても、それは現実から遊離している。

保守主義者は進歩を否定しはしない。林の引用した文章は、戦後日本の「進歩」を礼賛しています。林は「進歩的な学者や文化人」を批判していますが、それは決して「進歩」を否定しているのではない。

現実に日々進歩して保ち蓄えられ守られているものを資源として用いつつ、明日以降も着実に進歩していこうとするのが、林の考える正しい進歩です。保守的価値観に立脚した進歩です。現実の進歩と別次元に「真の進歩」を見て、保ち守られているものの肯定面に目をつぶり、物事を一新したいという意味での「進歩」を林は否定するのです。

林が警戒している進歩とは、引用文中にも現れていましたが「革命」による「進歩」です。保守は今という命あるものをいちばん大事に思う。昔に死んでしまった子供やこれから生まれるかもしれない子供のことは第二義的、第三義的なのです。今生きている子供なり自分なりの命を保って守りたい。

リスクを嫌う。もっとうまくいくと思って、実際に試されていないこと、成功するかしないか分からない観念的モデルを、いきなり現実に応用しようとする。これが林の想定する「革命」です。具体的には先進資本主義国における社会主義革命です。

予約はするが、賭けはしない

保守主義者の特徴は、できるかできないか分からないことに手を出したがらないところにあります。強引に突っ走りません。もともと人間ができないような我慢をしたいとも思いません。身を犠牲にする。献身する。そういうことは、保守主義者の発想には基本的にないでしょう。

conservativeにはkeepやprotectといった意味がある。そう述べました。もっと綴《つづ》りが近い言葉でいうと、preserveもあります。保存する、備蓄する、予約する、といった意でしょう。保守主義者は、今あるものをなるべくとっておかないと安心できないのです。

observeという言葉もあります。観察するとか立ち会うとかいった意味でしょうが、これもconservativeと語源的に近い、仲間の言葉です。なんのために、観察したり、立ち会ったり、見張ったりするのか。語源的には、保ち守っているものを盗られたり荒らされたりしないようにするためでしょう。

フランス革命とか、ロシア革命とか、毛沢東の革命とか、カストロの革命とか、ポル・ポトの革命とか。続いている革命があるといえばありますが、破産した革命も、路線転換した革命もある。どれも観念先行の理想主義が発動した結果です。しかも革命はドラスティックなものだから、どうしても暴力的になる。歴史的結果を見ても、わざわざ暴力まで使っただけの値打ちがそこにあったと言えるのか。疑問符もつくでしょう。

世の中をめちゃくちゃにして終わりけり。巻き込まれて死んでしまった人は死に損。そうなってはたいへんだ。保ち守ってきたものがなくなって、代わりが与えられない。最悪だ。堪ったものではない。だからpreserveしながらobserveして過激な選択を避ける。過激な選択がなされないように監視する。リスクをなるたけ避ける。

preserveに、保存することや蓄えることのほかに、予約するという意味があることも、この場合、象徴的でしょう。

予約はリスクが高く確度の低い事柄とはなじみません。ホテルやレストランや飛行機を予約したのに、ほんとうに予約されているかどうかよく分からなかったら、たとえ九〇パーセントの確率で予約されていると言われても、旅行に出かけたり、遠いところに食べに行ったりできるでしょうか。

予約は馬券や車券ではない。賭博ではない。ほぼ絶対そうなってくれなくては困る。未来のことだけれども、不確定ではない。だから予約です。

保守主義者は、予約はするけれど、賭けはしたがらない。たとえば戦争の勝利を予約できるでしょうか。国力にとてつもない差があれば、事実上の「勝利の予約」は可能かもしれない。アメリカのような超大国が小国と戦争して負けるとは考えられない。保守主義者も乗れる。だが、イチかバチかになると乗れない。なぜなら保守主義者とはpreserve主義者であるからです。

小説の人、戯曲の人

できないかもしれないことを無理無理やろうとすると、裏切られる。痛い目に遭う。蓄えを失くしてしまう。予約が無効になる。保守主義者が歴史から学んだ知恵です。

保守主義者は歴史から学ぶ。歴史を学ぶ中心には歴史家がいる。しかし、歴史は狭義の学問としての歴史にばかり、濃縮しているものではありません。過激な理想は言葉で出来ているので、言葉に引きずられる人は「進歩派」や「革命派」になりやすいということはあります。詩人や小説家は「革命」を夢想しがちかもしれない。

けれど、同じ文化芸術でも、言葉だけでない生身の動作に頼るものになると、そうでもないかもしれない。言葉が勝手をするにも限度のある縄張りでは、conservative な態度が枷《かせ》となって利いてくるということがあるのかもしれません。

唐突ですが、フランス語で conservatoire というと何でしょうか。conservative な人々の縄張りが conservatoire ということになるでしょう。すると保守主義者の集うところが conservatoire なのか。保守主義者の楽園という意味なのか。結局、そうとも言えますが、辞書的には違います。

conservatoire は音楽学校や演劇学校のことを指す言葉とされています。音楽は歌や楽器の演奏でしょう。これは技であって、新しいものを付け足すにせよ、基本は保ち守られ伝えられなくてはならない。

俳優の演技も同じです。台詞が保守主義的な内容を表すにせよ、進歩主義的な理想を説くものにせよ、およそ演劇であれば、話し方や身振り手振りによって言葉を効果的に表現することを求める点では同じであり、そのための喜怒哀楽等の表現法は人間の文化において、保ち守り伝えられてゆくものに違いありません。

だから音楽や演劇の学校はconservatoireなのでしょう。フランス語ではconserverという動詞は「保存する」という意味になります。conservatoireは、歌い方や楽器の弾き方や作曲の方法や喜怒哀楽の表現法をconserverしておくところなのでしょう。

そう考えると、林健太郎としばしば行動を共にした戦後日本の代表的保守主義者に、劇作家で演出家の福田恆存《つねあり》がいたことも頷かれてくるのです。小説家であると同時に演劇人でもあった三島由紀夫や、劇団四季の演出家、浅利慶太も、福田のカテゴリーに加えて構わないでしょう。

大江健三郎が「進歩的文化人」で、三島由紀夫が「保守的文化人」であった理由が、三島が戯曲の人で、大江が小説の人であることと無関係とは思われません。福田や三島が歴史に学んだ人であることも、また確かでしょう。もちろん劇作家にも革命的な人はいるわけですが、ここで確認したいことは、戦後日本の保守的文化人の代表格に、三島と福田というふたりの「演劇人」がいた事実なのです。浅利慶太や山崎正和もその列に加えれば、ますます厚くなってまいります。

保守、それは生き残り戦術の基本

けれど、繰り返しますが、保守主義者が足場に置くのは、保ち守ることの可能な、今あるものなのです。今あるものは、みな歴史的に形成されてきたものですから、保守主義者は今あるものとの関連において歴史に敬意を払いますが、ここで裏返せば、保守主義者は今ないものについては、極端な言い方をすれば、どうでもよいのです。その意味で「温故知新」とは違うのです。

英語の conservative 等、この系列の言葉の源は、ラテン語の servo でしょう。servo には保存することや予約することのほかに、救出するという意味もあります。フランス語の動詞の sauver は「助ける」ですが、それは servo から来ています。

なぜ、保存と予約と救出の語源が同じ言葉になるのか。蓄えがあれば物事を今から未来へと続けていく確率は上がるし、お金があればいざというときみんなを助けられるかもしれないし、将来の安全や成功を「予約」できるかもしれないからではないでしょうか。

そしてフランス語には se sauver と代名動詞もあります。直訳すれば「自分を助ける」ですが、この動詞が実際に使われるときは「自助」というような本来の意味を踏まえて、より現実的な内容になります。「逃げ出す」です。

極端に言いますと、自分を助けるとは自分だけ逃げることなのです。逃げて生き延びるためには、保って守っていざというときに持ちだせる財産が必要でしょう。ラテン語の servo から、フランス語の se sauver へ。あくまで私の妄想にすぎませんが、保守主義の核心とはそのへんにあるのではないでしょうか。

もちろん保守的な心性というものは、人間誕生以来、ずっとあるでしょう。なるべく危ない目には遭いたくない。ライオンやトラや毒蛇に襲われる危険があるときには、棲み処《すみか》に蓄えをして、それで食いつないでおくのがいい。無理に狩猟に出かけたくない。原始人間はそう思ったでしょう。

保存して蓄えることが助かることです。保って守るとは生き残り戦術の基本です。そういう保守主義者は原始時代からたくさんいたに違いない。もちろん冒険主義者もいたでしょうが、きっと保守主義者のほうが大勢だったでしょう。

革命家は「歴史のそとがわ」にいる？

それはそうとして、近代の保守主義の思潮とはどこから生まれてきたのか。

「保守主義の父」と呼ばれるのは、イギリスのエドマンド・バークです。バークは一八世紀イギリスの政治家であり哲学者でした。バークはイギリスからのアメリカの独立を支持するなど、自由主義的な思想家と呼べる人でしたけれども、一七八九年からのフランス大革命の経過を強く批判し、『フランス革命についての諸考察』を著しました。イギリスがフランスに武力介入して革命を阻止する。その流れを作った理論的指導者がバークと言ってよいでしょう。

バークは『フランス革命についての諸考察』で何と述べているか。河出書房新社が一九五七年に出した「世界大思想全集」の水田洋翻訳版から一節を引きましょう。バークはフランスの革命家たちに「あなたたちは間違っている」と呼びかけます。

「おおきな公共的害悪の、通常の役者と道具は、王、僧侶、役人、元老院、議会、国民議会、裁判長、隊長である。あなたがたは、王はこんご存在してはならないとか、国務大臣は存在してはならないとか、福音の牧師は存在してはならないとか、法の解釈者、将軍・公共議会は、存在してはならないとか、決議することによって、害悪を、匡正《きょうせい》しはしないだろう、あなたがたは、名称をかえてもいい。それらのものごとはある形態でのこるにちがいない」

つまり人間の世の中からは、王や僧侶や役人や元老院や議会や裁判長や軍人に相当する存在は、決してなくならないとバークは言うのです。

なぜ、そうと言えるのか。歴史に照らしてです。古代でも中世でも、都市国家でも大帝国でも、王や皇帝や殿さまと名を変えても、そういうものは必ずいる。ところがフランス革命は自由と平等と友愛という理想の旗印のもとに、人間の歴史に必ずあるものをやめさせたり、別種のものにとりかえようとした。バークはそれが無理筋だというのです。

「あなたがたが流行様式を論じているあいだに、流行はうつっていく。まさに同一の悪徳があたらしいかたちをとる。精神は、移転し、その外見の変化によって、生命の原理を、うしなうどころか、そのあたらしい機関のなかに、わかい活動性の新鮮なかっぱつさをもって、よみがえらされる。あなたがたが、死体をさらしものにし、墓をこわしているときに、それは、であるき、それは破壊をつづける。あなたがたは、幽霊や精霊におびえ、他方、あなたがたのうちは、盗賊のすみかとなる」

バークが「流行様式」と評しているのは、革命家が本気で考えているまったく新しい価値観に基づく国家と社会のシステムのことです。

しかし、バークに言わせれば、王が革命政府指導者になり、皇帝軍の将軍が人民軍の将軍になり、元老院が民選議会になったとしても、本質は同じなのです。

時代の皮相な流行によって名称は変わり、中身も変わったつもりになるけれど、中身についてはやっぱり同じである。内容が同一なのに、流行に乗って新しく値打ちのあるものを装っているので、とてつもなく力をふるう。荒ぶる。獰猛《どうもう》である。

かくして、革命家たちは、人類史をとてつもない理想によって飛躍的に発展させているつもりでいるのだが、いつの時代からも拭《ぬぐ》い去れない「公共的害悪」がかえって暴力をエスカレートさせるかたちで機能してしまう。

フランスの革命家たちが滅ぼしたつもりのブルボン王朝の幽霊や妖怪におびえているうちに、自分たちが、おびえている相手以上の化け物と化していく。革命組織は悪の巣窟《そうくつ》、「盗賊のすみか」というわけです。そしてバークはこう続けます。

「歴史のそとがわだけに、かかわりながら、じぶんでは、不寛容・高慢・残虐とたたかいつつあるのだと、かんがえる人々は、こうなのであ」る。

ここが核心的です。バークの考える歴史とは何かがよくあらわれています。

革命家は歴史の外側にいるというのです。歴史を見ていない。知らない。

歴史が分かっていれば、無慈悲な権力は人間社会の続く限りなくならないのであり、「公共的害悪」は行政や立法や司法や軍隊の名を借りて存在し続けると身に沁《し》みるはず。沁みていれば、わざわざ革命を起こして「公共的害悪」をニュー・ファッションに装い直させ、派手にふるまわせるなんて暴挙ができるはずもない。こうして、王政や貴族の政治の不寛容や高慢や残虐に対して正義の旗を掲げて立ち上がったつもりの革命家たちは、よりいっそうの不寛容や高慢や残虐の実践者となって、ヨーロッパの脅威となっているのだ。

これがバークのフランス革命理解です。必要悪として存在している権力を強引にいじろうとしても、犠牲が大きいだけという認識が、バークに始まる保守主義のコアの部分というわけです。

ふるきをたずねて、新しきことがないことを知る

要するに近代保守主義は反革命の思想から誕生した。バークが原点なら、そういうことになります。そしてバークにかく言わせたのは、やはり恐怖でしょう。

フランス革命は王や貴族の財産を奪い、身分をなくし、首をギロチンで落とす。保って守りたいもののある人々を生贄《いけにえ》にする。イギリスで同じ種類の革命が起きれば、高位の人、バークも、フランスの貴族たちと同じ運命でしょう。保守しなければなりません。まずは keep や protect ですが、それで済まなければフランス語の se sauver、英語の escape にゆかざるをえない。

保守主義は確かに歴史の価値を声高に叫びますが、やはり「温故知新」とはかなり違います。バークの保守主義は、ふるきをたずねて、新しきことがないことを知るのです。それによって、暴力を伴う新しさへの飛躍の試みは無効だと言う。その心は今のままを尊重したいということです。持続したいということです。自分の生命や財産を暴力的に取られたくないという叫びです。

保守主義が歴史や伝統を重んじるというときの歴史や伝統は、実は比較的安定を保って、まあまあうまく運んでいる時代の歴史や伝統です。世の中が大いに乱れて乱世が果てしないような時代に、そのときの今をデフォルトにして保守主義を言う保守主義者は、普通は

いないでしょう。

保守主義とは、手荒なことを言わずともだんだんに着実に進歩して行ける、安定成長の時代のイデオロギーであって、安定成長が脅かされ、それどころか時代が危機にさらされて、大胆な処方箋（たとえば革命）を考えて実行しようとする勢力があらわれると、いや、ソフトな道があるはずだと、keep と protect の道を探し、それでもダメなときは、最後の手段として servo から se sauver になるのです。

保守主義者は危機の時代にも、最初のうちは歴史や伝統を盾にとってラディカリズムを抑止しようとしますが、それに失敗すると個人主義に徹して逃げるか閉じこもります。そして大騒ぎが済んだ後に、「そら、みたことか」と呟《つぶや》くのです。あるいはどこか遠くに逃げて、いなくなっているのです。

それは正しい教訓か

繰り返しますが、保守主義がそういうものだとしたら、「温故知新主義」とはずいぶん違います。

歴史にはドラスティックに変わらざるをえないタイミングはあるのです。荻生徂徠の言うように「事の変ずることは窮まり無し」なのですから。フランス革命も歴史なら、自由・平等・友愛の観念的理想が力を持つに至ったのも歴史です。歴史には、平時も非常時も、保守的思考も革新的思考も、込みになっている。バークの言う「流行様式」こそまさに歴史そのものではありませんか。

バークは歴史主義に見えて、実は超歴史主義ではないでしょうか。権力はいつでもある。名称が変わっても本質は同じだ。超時代的なものだ。

これを認めたら権力の歴史は消滅します。いつも同じ権力なら、歴史を語っても意味がありません。だとしたら歴史は「流行様式」の中に宿るのであり、流行がうつろうから、歴史もそのときそのときの一回性を担保されるのです。「事の変ずることは窮まり無し」です。ドラスティックに変わることも歴史のうち。

とすれば、バークの保守主義はバークにとっての歴史の都合のよいところを教訓として、人間が極端に一気に世の中を変えたいという欲求を抑止するための戦術にすぎません。

その意味で、保守主義は歴史教訓主義です。しかもその教訓のとり方は、けっこう弾力性がありません。

権力の根本的ありようといった、人間社会の普遍的で本質的な部位を歴史の本体とみなし、時代の差異を「流行様式」とレッテル貼りし皮相化して、さらに「歴史の本体」としての「超歴史的部位」と、比較的穏やかに推移している平時の歴史経験を和合させた歴史像からばかり、「正しい教訓」を取ろうとする。過激にうつろわない時代の精神を適正な歴史のイメージに被せてきて、「それが、いちばん乱暴なことが少ないからいいでしょう」、「それこそが歴史の教えるところですよ」というのです。

その裏側にあるのは、すでに獲得して、今、保ち守らなくてはいけない生命と地位と財産へのこだわりでしょう。近代革命の反動として生まれた近代保守主義は、どんなに歴史の大きな話をしても、既得権益保持者の個人としての、最終局面では「ひとりだけでも財産をもって逃走する」という思念を含んだものでしょう。とても大きく見えて、実はとても私的なのです。古風な言い方をすればブルジョワ的な思想ということですが。

保ち守りたいものを奪われるのは怖い

もちろんそれはそれでとても正しい。自分の生命や財産を暴力的に侵害されて喜ぶ人はどうかしています。保ち守りたいものがある人が、保ち守りたいものを作った時代の価値観や仕掛けを盾にとって、それをなるべくいじらずに保ちましょうと主張するのは正しい。個々の人権擁護という面でも正しい。私も個人的にはそれでいいと思いたい。年を取って守りに入ると、まあそんなものでございます。

けれど、繰り返し強調すれば、このような近代保守主義は決して歴史を尊重してはいないのです。今を尊重しているのです。手放せない今あるものを大切にして、歴史の中からその部分に連なるところだけをピック・アップしているのです。

そんな近代保守主義は、大事な天下国家を引き受けて正面から七転八倒できるような思想的背景を持っていないと思います。七転八倒する前に se sauver する心性が拭い去れません。近代保守主義がバークに始まるということの意味はそのあたりにあると思います。

三島由紀夫が逃げ出すとは思いませんが、保守主義の根幹がそういうところにあることは否定できません。今あるものを強奪される恐怖こそ保守主義の根底なのです。そして人間の歴史は、古代から現代まで、侵略や革命によってそのとき誰かが持っていたものを取ってきた歴史が、かなりの部分を占めるのです。保守主義のどこが歴史主義なのでしょうか。

とにかく、保守主義はラディカルで観念的な改革を否定します。バークがフランス革命を批判したように、林健太郎も戦後日本の進歩派が地に足が付いていないと批判します。それは一理も二理もありますが、理想主義や観念主義を「歴史のそとがわ」という言い方で片づけているところで、とても恣《し》意《い》性があるのです。歴史の土俵を勝手に設定して居直っているのです。

ラディカルに観念的に変えたいと思って実際にそうなったりならなかったりするのも、

「歴史のうちがわ」ではないかと思うのです。マルクスもエンゲルスもレーニンも毛沢東もプルードンもクロポトキンも大杉栄も、みんな歴史の落とし子なのではありませんか。

「歴史のうちがわ」で引き受ける

そのような保守主義に対して、「温故知新主義」は、今に生きてつながらなかった歴史も、バークの言う「歴史のそとがわ」から歴史に介入してきた異物も、みんな「歴史のうちがわ」で引き受けるのです。だって荻生徂徠が言うように、前にあったことはそれが何であろうがみんな「故」なのですから。

保守主義にはラディカルに変えなくてもうまくいくという価値観が予《あらかじ》めあって、ラディカルに変わるときは無理があったとネガティヴに評価したがる。

一方、「温故知新主義」は、変わらないときは変わらないし、変わるときは変わるということを学ぶ。ひたすら素直に起きてしまった歴史を等しく眺めて「知新」のための閃《ひらめ》きを歴史的知恵からもたらそうといつも思い詰めているのが「温故」の精神です。

保ち守ろうと思っても、保ち守れる見込みがなくなったら、あるいは保ち守れるものがなくなってしまったら、これはもう保守主義もへちまもございません。

そのときは変えるし変わるのです。そのための知恵を、成功例も失敗例もひっくるめて歴史から学び取るのが「温故」でしょう。変えないのが正しいなどとバークのように決めつけては、せっかくの歴史の、清濁《せいだく》を併せ呑む豊饒《ほうじょう》さが、ずいぶんと薄味になり、偏ってしまいます。

今は変えどきなのか、そうでないのか。大胆に変えていいのか、いけないのか。未来のことは分からない、正解はない。けれども「知新」のために考えなくてはいけない。

「歴史に学ぶ」と言う人には保守的な方が多いのかもしれない。ラディカルな人は自分の理屈で変えたいから歴史を忘れがち。でも、スターリンでもロベスピエールでも学んだほうが、少なくとも同じ轍《てつ》を踏まないわけだから、ラディカルに変えたい人も歴史から学べばいい。ラディカルに変えたくない人も歴史から学べばいい。

歴史に学ぶ、歴史で考えるということは保守的な立場とは違う。歴史は保守主義の独占物ではない。「温故知新」の精神で保守主義から歴史を解放しなくてはいけません。

2 昔に戻ればいい、はずがない——「復古主義」という落とし穴

そこに「知新」はあるのか

「復古主義」という言葉があります。

歴史に根ざしたひとつの態度だと思います。保守主義が、歴史によって作り出され今に生きているもの、言わば歴史的現実を尊重するなら、復古主義はその原理原則から言うと、どこかのいにしえに途絶えてしまった何か、今に生きていない昔の何かを復活させて、現在から未来を作り直そうとする態度です。保守主義と復古主義は、概念として考えると、まったく異質です。

では復古主義は「温故知新主義」とどのような相性を示すでしょうか。

復古の中身は「温故」から出てきます。歴史を学んで、過去をよく知ってこそ、復古の内容も理解される。でも、荻生徂徠の定義に従うと「知新」は過去にはまったくなかったものを知ろうということです。なかったから新しい。新しい今を知り、新しい未来を考える。歴史は常に不可測に流動してゆくもので、常に更新されてゆく。日々に新たなり。

その「新」を知るためには「温故」が重要な糧になるでしょう。でもあくまで糧は糧で

あって、いにしえをそのまま今によみがえらせようと思っても、うまく行くはずはない。

歴史が同じになることはありえない。昔の人は今に生きていない。今の人は昔と違う。使う言葉も時と共に変化している。同じ日本語でも時が違えば違う。人口も変化する。経済力も異なってくる。国際関係も国内関係も同じということはない。個人だろうが、家だろうが、村だろうが、国だろうが、世界だろうが、どのレベルで復古させようと思っても、みんな違う。歴史はとりかえのきかない一回性の現象だから歴史なのです。

細部にこだわればこだわるほど歴史は歴史として生き生きとしてくる。復古を字義通り、まっすぐにとらえようと思っても、何しろそこには「知新」がないのだから、どうしようもありません。

そんなことは不可能なのに……

戦前から戦後まで、一貫してこの国の文芸批評家として大きな地位を占めた小林秀雄は歴史のそうした面に特にこだわりぬいた人でした。一九六三年に月刊誌『文藝春秋』に発表された『考えるヒント』のシリーズの一篇「歴史」で、小林はこう言います。

「私達の歴史に対する興味は、歴史の事実なり、歴史の事件なりのどうにもならぬ個性に結ばれている。ある事件が、時空の上で、判然と局限され、他のどんな事件とも交換が利かぬ、そういう風な過去の諸事件の展開が、現在の私達の心中に現前していなければ、私達の歴史的興味は、決して発生しない」

歴史の一コマ一コマにはいかなる何者ともかえがたい個性が存在している。交換不能なもの。唯一無二のもの。それが歴史の事実であり事件であって、その集積として展開するのが歴史の流れである。

そしてそれは、なぜか不思議なことに「私達の心中に現前して」くる。難しい歴史資料に当たらなくても、おおよそのことを知れば、歴史の一コマは心に具体的な光景として浮かび、その「温故」の作用が「今」を生きるための「考えるヒント」となって、「知新」への想像力の原基となる。

その場合、「復古」、つまりいにしえのよみがえりは、われわれの心の中では起きるのです。でもその現実への再現は不可能なのです。「他のどんな事件とも交換が利かぬ」のですから。

そんなことは当たり前でしょう。いまさら確認するまでもない。復古は不可能なのです。ところが不可能を目指す復古主義は、思想や運動としては、しばしば有効です。なぜなら、われわれは復古主義を単純に素直に信じると、「知新」の不安を免れることができるからです。

復古は人を安心させる

やはり荻生徂徠が述べているように、時間は変転きわまりない。時勢という言葉がありますが、時の勢いが今日、明日、どこに向くのかは誰も知らない。しかも人間個人の未来には、誰しもあまり考えたくないだろういつの日かの死が含まれている。それだけでも何がいつ起こるか分からない未来は、不安材料以外の何物でもない。

不安をひっくり返すと、希望になります。何が起こるか分からないから、不安もあるが希望もある。

保守主義者は希望でなく「予約」を目指すのですが、「予約」するためには保ち守る値打ちのある大きな元手がないといけません。しかも天下国家が安定していないといけない。そうであれば、何年後の金利を「予約」したり、その利益によってやれる物事を高確度で「予定」したりすることもできる。でも「予約」や「予定」が保守主義者の思う通りになるかどうか。とすれば、よほどの条件が整っていなければ、大方の人は未来について不安と希望に引き裂かれたまま宙吊りにされ続けると言ってよいでしょう。

そこをスリリングに果敢に前向きに切り抜けるのが、おそらく「温故知新主義」なのです。歴史を学び続け、それを糧に、過去の歴史に起きていなかった新しい現在と未来の意味を日々に知る。言うは易し、行うは難し。「温故知新主義」をまじめに突き詰めようとしたら、これは苦行です。そういう姿勢を忘れないでいいようくらいなら、まだ何とかなるかもしれませんが。しかし、思い詰めたらなかなか持たない。

そんな不安と希望に引き裂かれた未来にさらされ続け、保ち守るものもじゅうぶんにない人々は、しばしば復古主義を選ぶものです。

復古の対象は、過去の事実ですから、ほんとうにあったわけです。「温故」には手ごたえがある。それが再現できると気休めにも思えれば、何が起きるか分からない未来に対する危うい感情は軽減されます。日々に新しさを自分なりの「温故知新」で発見せよ、などという難題より、復古に向かって手を携えましょう、というほうがずいぶん楽なのです。人間精神の問題として。

あの黄金の日々がよみがえる！　これほど人間を魅了する概念はありません。一回性で不可逆性の歴史なんてことを言っていたら、夢も希望もない。よみがえるものはよみがえるのだ。昔に戻りたいというのは、人間の基本感情でもあるでしょう。退行です。母親の胎内《たいない》の羊水を漂っていた時こそが原初のユートピア体験だとすれば、退行こそ人間の基本の衝動でしょう。それに歴史的に対応するのは復古です。

過去志向だけでも未来志向だけでも、つらい

復古は夢のまた夢。でもスローガンとしては時と場合によっては絶大な力を持つ。思えば、この国の明治維新も「王政復古」のスローガンのもとに行われたのでした。「維新」が「復古」。未知の世界に投げ出されるのではなく、昔、確実にうまく行っていた時代に帰ってくるのだ。慶応三（一八六七）年に出された「王政復古の大号令」はこう宣言します。「徳川内府、従前御委任の大政返上、将軍職辞退の両条、今般断然聞《きこ》し食《め》され候。そもそも癸丑以来未曾有の国難、先帝頻年宸襟を悩され候御次第、衆庶の知る所に候。これによって叡慮を決せられ、王政復古、国威挽回の御基立てさせられ候間、自今摂関幕府等廃絶、即今、先ず仮に、総裁議定参与の三職を置かれ、万機行はせらるべし。諸事神武創業の始めに原《もと》づき、縉紳武弁堂上地下の別なく、至当の公議を竭《つく》し、天下と休戚を同じく遊さるべき叡慮に付き、各勉励旧来驕惰の汚習を洗ひ、尽忠報国の誠を以て奉公致すべく候事」

何事も神武天皇の時代に戻ると述べています。もちろん実際はそうは行かないのですが、人心は「維新」というよりも「復古」のほうが、何かとつかめるものなのです。

ムッソリーニはローマ帝国の復古のイメージを喧伝《けんでん》しましたし、ヒトラーだと神聖ローマ帝国の時代を思い出させようとします。スターリンのソヴィエト連邦は、共産主義の思想からいえば過去をひたすら否定していくはずなのですが、アレクサンドル・ネフスキー

やイワン雷帝など、ロシアの過去の英雄をずらりと並べて喧伝し、復古色を打ち出しました。

「知新」そっちのけの「温故」と「復古」。しかも「復古」のための「温故」は、ユートピア的で現実ばなれした歴史像を捏造《ねつぞう》する傾向にあります。歴史というよりも神話です。繰り返さないはずの歴史を繰り返せるかのように思う。そのときの歴史は都合よく理想化されている。そういう言説についていけば、われわれは「知新」という困難な作業を忘れることができる。

復古主義はやはり退行主義でしょう。むろん、「王政復古」で日本が実際に退行したわけではありません。「王政復古」というファンタスティックな形式の上に作られた夢の世界のうえで、実際は「知新」の苦悩の多い「文明開化」の試行錯誤が展開され、近代日本の歴史が編まれました。過去志向の「王政復古」だけでは退行してしまう。未来志向の「文明開化」だけでは希望と不安に引き裂かれてしまう。両者をセットにして按配《あんばい》がよくなる。復古主義の応用とそれなりの成功の事例として、考えることができるかもしれません。

「あのときはよかった」という蟻地獄

しかし、世の中で復古主義が独り歩きするときは、単に「知新」がうまく行かないので逃げに走っているのだと考えるのが、まずは正解でしょう。明治憲法のほうがよかった、日本銀行の金融政策は高橋是清《これきよ》のようにやればいい、田中角栄は素晴らしかった……。そうした話が、シンプルに、歴史の文脈に限定されずに、今もそのまま通用するものであるかの如くに語られるようになったら、それはもう末期症状です。

「温故」を「知新」に応用するためには条件設定を変えなければならない。歴史とは一回性のものだからです。現在もまた唯一無二の現在であるからです。過去のまま、あてはまることは何もないからです。歴史は繰り返しません。似たことはあります。だから「温故」は「知新」に役立ちます。

でも、昔を今に応用するための操作が雑だったら、これはもう文句なくダメなのです。複雑な条件のなかで更新され、展開する歴史を学べば学ぶほど、単純な復古主義は薄っぺらな絵空事のように感じられてくることでしょう。

復古主義者に歴史を取られてはなりません。「あのときはよかったですよ」という言説に巻き込まれてしまったら、蟻《あり》地獄にはまったようなもので、おしまいです。歴史を愛し、それに学んで「知新」に励もうとする者に、復古主義は無意味なのです。

第三章

歴史が、ない

引き続き「温故知新主義の敵」の話をいたしたく存じます。前章では保守主義や復古主義を「敵扱い」いたしましたが、まだまだ敵はいるのです。ほとんど敵だらけで味方があまりいないのが「温故知新」かもしれません。これでは勝ち目はなさそうですが、歴史の側について今に生きるとはどういうことか、徹していくとやはりこうなってしまうのではないでしょうか。味方が少なくても仕方ございません。

1 「懐かしさ」はびっくりするほど役立たない——「ロマン主義」という落とし穴

分かりやすい、ということ

「ロマン主義」という言葉があります。

歴史にロマンを求める。それを今の生き方に反映させる。そう解釈するとなんだか格好よくポジティヴにも思えます。しかし、これもロマン主義の解釈次第です。

はて、ロマン主義とはいったい何でしょうか。

ロマンの語源はロマンス語だと言います。ロマンス語は、ラテン語から展開したというか派生したというか、砕けたラテン語です。支配階級や知識階級のラテン語が、やさしくされて、ややこしい文法の体系を崩されて、一般の民衆の言葉になってゆく。その過程に出現したのがロマンス語であり、それがイタリア語やスペイン語やフランス語やルーマニア語に分化していったのだという。

それとロマンティックがどう関係するのでしょうか。ロマンティックとはロマンス語圏的なイマジネーションか何かを指す言葉なのか。そういうこともあるかもしれませんが、一般的には違います。正式なラテン語ではなくロマンス語で書かれた一般民衆でも読めて理解できる文学がロマンという言葉と結びついているのです。

日本語でも、正式な文章とされたのは長いこと、漢文ないし漢文調であって、そこから分かれて「かな文字文学」が出てくる。『土佐日記』とか『源氏物語』とかになる。漢文の専門知識がなくても、多くの人々が読める文学が生まれる。その種のものがヨーロッパではロマンと呼ばれました。要するに、民衆の求める文学がロマンなのです。そういう類ならば、ロマンス語系の言葉で書かれているか否かは関係なく、ロマンになったのです。

ロマンは近代小説の意にもなりますが、小説とはみんなが読みたくなる物語を提供するのが本分でしょう。小さな説なのに長編とはこれいかに、と子供はよく思うものですけれど、小説の小は規模分量とは関係ない。難しくなく庶民的ということなのです。ロマンス語とか、かな文字とか、読みやすく、聞きやすい言語の問題には限らない。カントやヘーゲルやハイデッガーは小説にはなりにくい。分かりやすいことが大事です。

「むかしむかし」の想像力

民衆がロマンに求める想像力とは何でしょうか。

民衆は王や貴族や僧侶に比べて特権を持たず、豊かに暮らせないからこそ民衆でした。大金持ちの商人も民衆寄りかもしれませんが、ラテン語で哲学を語れる商人がいたらそれはたいへんな例外でありましょう。したがって民衆は、小さくて低いところからだと、なかなか手の届かないものに憧れるのです。

ロマン主義的感情とはすなわち「遠距離思慕」であると言います。遠距離は時間と空間と社会階層の三つに及びます。とはいえ、自分たちの暮らしている国の王さまやお妃さまの話を生々しくロマンにしては怒られるかもしれません。そこで遠い異国や大昔にします。「むかしむかしあるところに」。おとぎ話の基本であり、ロマンのパターンです。手の届かない夢の世界への憧れを、手を変え品を変えて表現し続けるのが、ロマンティックな世界です。

「むかしむかし」。そこに夢を馳《は》せ、理想化する。それがロマンティックな想像力だとすれば、ロマン主義は、歴史に対する態度としては、保守主義ではなく復古主義と結びつきそうです。手の届かない昔を今によみがえらせたい。そうであれば復古主義とロマン主義は同型であり、わざわざ言葉を使い分ける必要もないかもしれません。

けれど、そんなことはない。ロマン主義は「むかしむかし」が大好きなのですから、「温故」の思想にも見え、「復古」の思想にも見えますが、手の届かないこと、不可能性を大前提にしているので、本気で今に過去を取り戻すつもりの復古主義とはやはり区別されなくてはなりませんし、手の届かない夢を過去に幻として投影して話をどんどん作るのがロマンなのですから、まじめに「温故」するという姿勢はロマン主義には存在しないのです。ロマン主義は「温故」ではなく「作古」なのです。いにしえを尋ねるのでも学ぶのでもなく、作るのです。

復古主義も、いにしえをしばしば作るというか捏造しますけれど、ロマン主義の場合は、民衆のかなわぬ夢を過去に投影してファンタスマゴリアを作り出せばよいのですから、「王政復古」の「王政」のように、本気でひとつの対象に固着する心性をロマン主義者は持っていません。

こだわりがないから自由奔放に空想を膨らませ、ロマンが生み出せる。ファンタスマゴリアはどんどん調子よく変わるのです。インドの森でもアフリカの草原でも南米の山岳地帯でも日本の神社でもエジプトのピラミッドでも何でもよろしい。あるいは幼年時代の懐かしい記憶でもいい。手の届かぬものへの憧れは、融通無礙《ゆうずうむげ》にうつろって、ポイントを生まない。

因果連関を作って固めないのがロマン主義の特徴です。歴史への真摯《しんし》な興味もありません。ロマン主義者が求めているのはロマンであってそれ以外の何物でもないからです。

われわれはみなロマン主義者？

ロマン主義文学は、世界のあらゆる地域や時代を対象として展開されました。ロマン主義は世界の何もかもを引き受け、とてつもないイマジネーションで包もうとした。それはそうなのですが、そのイマジネーションはほんとうの歴史などをとらえたくて発揮されているわけではありません。満たされぬ夢への空想のはけ口として、どうとでもされるのがロマン主義的世界像であり、そこでは歴史の真実など一片の値打ちもない。

ロマン主義は「温故知新」とは驚くほどにまで無縁なのです。ロマン主義者は「温故」のためのコンパスやものさしをわざと壊して、歴史のもろもろを脈絡なく漂流し、夢をかたちにする道具にします。それが歴史に対するロマン主義の態度でしょう。

そんなロマン主義は、民衆の物語的空想世界や、一九世紀の教養市民が現実世界で行き詰まったときの代償的夢想にとどまっていれば大して害はないどころか、魅惑的な夢を作り出すことにたいへんな価値がある。

だからこそ、わたくしどもは、たとえばドイツ・ロマン派の小説を読み、絵画を観、音楽を聴くのでしょう。手の届かない遠い世界への憧れ。それは人間に永遠のものです。時間が不可逆であるからには、記憶はみな実体験としては手の届かぬものであり、懐かしい記憶があれば、手の届かぬところに憧れることになるのですから、われわれは常にロマン主義者なのです。

とはいえ、懐かしい記憶は、恋かもしれないし、成功体験かもしれないし、幼時の家庭での甘美な記憶かもしれない。フランスの作家、プルーストが「失われた時」を求めようとすると、とてつもない大長編小説ができてしまったように、記憶というものほど移り気なものはないのです。「失われた時」はたくさんあり、「満たされぬ夢」もまた星の数ほどあり、手の届かぬものは無数であり、人間は今そのときどきの欠乏の質に応じて、手の届かぬ夢や懐かしい記憶を無数に編み出せるのです。

ロマン主義者は決断しない

そういう態度がもしも文化芸術をはみだして、政治や経済や社会とつながってくると、どうなるか。なかなか厄介《やっかい》なことになります。というか、だいたい混乱を巻き起こしたり、世の中を出鱈目《でたらめ》にします。

ナチスの政治思想や法思想をかたちづくるのに力のあった法学者、カール・シュミットは、『政治的ロマン主義』という書物を、第一次世界大戦でのドイツの敗戦の直後にまとめました。

彼は政治において決断を重んじました。はっきり決めて、決めたことを徹底して実現する。排除すべきものは徹底して排除する。利害の調整にとどまるのが政治ではない。政治の政治たる所以は何らかの価値を、旗幟《きし》を鮮明にして完全に実現することにある。そのためには指導者の決断が尊重されなければならない。目標とする価値を明確化させなくてはならない。

シュミットは決断を邪魔する思想に敏感であり、批判の対象にしてゆく。そこでターゲットのひとつになったのが、ロマン主義が政治的に作用する場合でした。

彼はロマン主義者の思考の特徴を機会原因論に求めます。機会原因論とは因果脈絡が崩壊して、何と何とがつながっているのかが把握できない状態だと考えればよいでしょう。だから何事の原因も特定できない。必然でなく偶然的に理解しようとする。それが機会原因論でしょう。出来事は偶然に起こるとも言えるし、さまざまな機会が原因になっているとも言える。そのくらいでロマン主義者の思考は終わってしまうのです。

ロマン主義者は気まぐれであり、何にも本気になれず、突き詰めようともせず、突き詰めても無意味だと思い、したがって決断もしません。

そこには「温故」も「知新」もない

ロマンティックとは、空想的、夢想的であり、現実性がないということでもあります。現実にはないものを探し、手の届かないものに恋をし、二度と取り戻せないものに執着する。因果がとらえられないから、すぐ気移りする。必然への強い思いが生まれない。

出来事が必然として起こるなら、必然をもたらした因と果が一対一で対応させられるでしょう。けれど、機会原因論からすれば、今日、政治がしくじったのは、議事堂の前の木の葉が一枚散ったからかもしれないし、閣僚のひとりに無能な人間がいたからかもしれないし、誰かの頭が切れ過ぎたのがかえって災いをもたらしたのかもしれないし、むかしの何事かがひそやかな影響を与えているのかもしれない。何とでも言える。それで終わり。

これでは世界が何も見えてきません。曖昧模糊《もこ》の極みです。

保守主義者には、「温故知新」とは重ならず、もっと自己保身的だとしても、「温故知新」に近い発想はある。復古主義者には「知新」はないけれど「温故」はある。しかしロマン主義者には「温故」も「知新」もない。歴史のなかから学んで活かそうという回路を壊して楽しみながら、過去の歴史のある局面への憧れを語ったり（騙《かた》ったり）するので、まじめに歴史に立ち向かっているようにだまされてしまう。

「温故知新」という態度は、ロマン主義をきつく退けなければなりません。

2 今だけで済むわけではない――「神話」「啓蒙主義」「ファシズム」という落とし穴

神には歴史がない

「神話」と「啓蒙主義」と「ファシズム」。この三つはずいぶん違う言葉かとも思います。その通りには違いありません。しかし、一点においては同じなのです。「歴史」がない。はて、どんな理屈でそう言えるのでしょうか。

「神話」と「啓蒙主義」には歴史がない。そう言ったのは、序章でも紹介したアドルノと、彼の盟友、マックス・ホルクハイマーです。

二人の共著『啓蒙の弁証法』は、「神話」と「啓蒙主義」の相同性を説いています。「神」と「人間理性」の相同性と言っても同じことになるでしょう。ここで言う「神話」は万能の神、全知全能の神の神話です。ユダヤ教、キリスト教、イスラム教に共通する神の「神話」です。

もちろん『旧約聖書』にも『新約聖書』にも『クルアーン』にも物語はあります。その物語は歴史でしょう。でも歴史があるのは人間です。神と関わる人間には歴史がある。神の言葉を預かる。神の言葉に悩む。神の与える過酷な試練に苦しむ。神に救いを求める。過去の積み重ねを思いつつ、未来への希望と不安に引き裂かれて悩む。まぎれもない「温故知新」、人間の歴史らしい歴史がそれらに刻まれていると考えてもいい。

話の中身がどれだけ史実を反映しているかはともかく、『聖書』や『クルアーン』は確かに人間が経験した多くの歴史の面影をとどめているに違いありません。

ならば「神話」に歴史はあるではないか。いや、そうではないのです。「神話」というからには主人公は神。神に歴史があると言えるのか。人生があるのか。未来への希望と不安に思い悩んで嘆くのか。ユダヤ教とキリスト教とイスラム教の教義から言ってありえません。なぜなら神は全知全能にして永遠だからです。

全知全能で永遠ということは、全宇宙空間において、過去と現在と未来のすべてに起こることをみんな知っているということです。全知全能の全能を拡大解釈すると、人が自由意志で行っていると思っていることも、神の御業なのだという理解もありうるでしょう。

古代ローマ帝国時代のキリスト教思想家、アウグスティヌスは「永遠の今」という言葉を使いました。

神は、過去から未来までのすべての時間と空間を、人間にとって今、目の前で起こっていることのように、見通すことができる。したがって、神は、太古から未来までのあらゆる人間の行動と経験と思念を知っている。人間にとって未来のことも、神にとっては時間の別はないので分かっている。因果連関の確率論的ぶれによる予測不能な事象とか、偶然とか、人間が何かをすれば未来が変えられるとか、「永遠の今」の思想の前では無意味です。

歴史は「温故知新」の無限の道程である。一寸先は闇の有為転変である。人間がそうだと思えばそうなのですが、それは全知全能の神には通用しません。悠久の時間のすべてが神にとっては今なのです。全知全能の神は歴史の重みに思い悩むということがない。神には歴史がない。

「啓蒙」と科学的精神

その神とは、とりあえず無神論の立場から語らせていただければ、人間の願望がこしらえたものです。神には歴史がないということは、人間が歴史を超克したかったということになるでしょう。その夢を神に託した。そして、その実現のときが「啓蒙主義の時代」なのです。

啓蒙とは英語だとenlightenmentです。光で世の隅々まで照らすということです。人間がそうする。世の隅々まで見通せるのは、西洋ならキリスト教の神でしょう。仏教世界なら釈迦《しやか》や阿弥陀仏《あみだぶつ》かもしれません。その立場に人間がなりかわる。人間が全知全能になる。これが啓蒙主義の精神です。

小林秀雄は、『考えるヒント』の「歴史」において、啓蒙の時代の科学的精神をニュートンに代表させて、こう記しています。

「わかり切った事のようでいて、案外注意されていないように思われるのだが、近代の自然科学の大成功はその仕事から、先ず歴史という考えを、さっぱり取除いたところに基いていた。ニュートンが考えていた自然のシステムとは、言わば、時間は、システムの外側を流れ、その内部には立入りを禁止されている、本質的には何んの変化も起らぬ惰性系であった。人間であれ、自然であれ、その変化、発展の過程を考えずには、これを科学的に考える事が出来ないとする今日の常識から見て、ニュートンの考えはよほど不思議な考えのように思われるが、少し反省してみるなら、私達の現代風の常識は、この不思議な考えの正統な子供である事がわかって来るだろう」

ニュートンはこの世界から時間を取り除いたという。この場合の時間は歴史です。見定めがたい変化をし続ける歴史的時間をニュートンは排除し、「本質的には何んの変化も起らぬ惰性系」の時間に取り換えた。

永遠に均質な「惰性系の時間」とは、アウグスティヌスの神の時間としての「永遠の今」の、いくぶん人間的な言い換え表現でしょう。つまりニュートンは「永遠の今」という時間観念を人間の科学の基礎に据えたということです。

そのあと、小林秀雄は、「人間であれ、自然であれ、その変化、発展の過程を考え」るのが当たり前と思っている現代人からすれば、このニュートンの思考は不思議なようにも思えると、受けます。「人間」は歴史のこと、「自然」は特にウラニウムや水素が物質であることをやめてエネルギーに変わってしまう現象を念頭に置いて語っているのでしょう。

ところが、小林は、やはり現代人とはニュートンの虜《とりこ》ではないかと、御膳をひっくり返します。現代人は歴史を意識しなくても、今だけに対応して生きていけると考えているのではないか。その意味で、現代人はニュートンの嫡子《ちゃくし》ではないか。そう小林は言うのです。

計算可能・予測可能・制御可能

どういうことでしょうか、近代理性の問題です。ニュートンは歴史的経験を超越した物理学の原理原則を立て、歴史から自由になって、世界の構造を把握しました。物理学的領域に限られるのかもしれませんが、少なくともその範囲でニュートンは「神の視点」を得たのです。

人間を神にする。それを可能にするのは、近代科学的思考です。その前提は人間の理性が神のように世界を明察できるという近代の新しい確信です。それが、人間が神になりかわるということであり、啓蒙主義の世界の隅々まで理性の光で照らす態度につながります。

理性の確度は近代科学によって証明され、近代科学は、世界を、物質にせよ、エネルギーにせよ、とにかく数量的に把握することで、その実を挙げます。したがって、理性の核心は、近代の啓蒙において、善とか、真実とか、道徳や哲学の問題を解決する精神の働きのような昔ながらの論題を離れて、歴史を離れて、今に集中してしまう。

今の数量を把握して、望む方向に数値を変えるように理性で誘導する。そうすれば、経済も軍事も政治も社会も、あらゆる問題が解決可能になる。ニュートンの嫡子としての理性主義が社会科学に展開すると、人の思考はそうなってゆく。計算可能、予測可能、制御可能な体系として、人間社会が見えてくる。

そこまで来ると、歴史は無意味になります。今の数字を把握して分析して、それに対応するだけで、何でも解決するなら、「温故知新」は必要ない。「温数知新」でいいのです。数を学んで現在の問題に対応する。こうした思想史的現象は一般に「世界の技術化」と呼ばれているでしょう。現代医学が患者の症状を見て薬を出して一段落するように、操作可能な数字の体系として現代世界が見えてくれば、歴史的思考はもう要らない。

問題なのは歴史ではなく今の症状なのです。人間が神になった時代の「永遠の今」は、数字の変化が惰性として書き込まれ続けるだけの「本質的には何の変化も起らぬ」時間として意識されるようになります。

この「技術化した世界」の思考に慣らされると、人は歴史を忘れるのです。今に対する技術的対応に終始して、時間を過ごしてしまう。むろん、人間が不可逆的な時間の流れに拘束された有限な存在であるからには、時間経過としての歴史は残り続けるのです。しかし、それは単なる年代記になってしまう。日めくりになってしまう。株価や為替や血圧のグラフになってしまう。「惰性系の時間」です。

資本主義は歴史を忘れさせる

そう。株価や為替、経済成長率や貿易統計、黒字か赤字か。数への傾斜はニュートン的合理主義の浸透からばかりもたらされるのではありません。近代資本主義の発展がリンクし、相乗してくるのです。カール・マンハイムは『イデオロギーとユートピア』でこう述べています。

「歴史的な見方にたいしてまったく盲目なこういう社会学の型は、すでにアメリカ人の意識のうちに準備されていた。それは、われわれの意識よりはるかに早く、資本主義の現実との完全な一致に到達していた。ここでは早くから、社会学の底にある歴史哲学の土台はぬぐい去られて、世界にたいする見方全体も、その実際の生成も、かれらの中心にある体験をモデルとして、いいかえれば、組織的、技術的な現実支配に基づいて方向づけられていた」（高橋徹・徳永恂訳、中央公論新社）

マンハイムが『イデオロギーとユートピア』を著したのは一九二九年です。世界大恐慌の始まる年になります。マンハイムは二〇世紀の資本主義の先端を行くアメリカの社会学から歴史が消えているという。数字の支配する資本主義は歴史を忘れさせる。アメリカから始まって歴史がなくなり始める。今日の数字に対して「組織的、技術的」に対応するだけで飽和して毎日が終わるのです。

神に歴史がないように、神に人間理性を代入した近代啓蒙以降の時代にも歴史が失われてゆく。近代啓蒙と資本主義とはコンビを組んでいる。これはもともとそうです。

ニュートンの学問も、海洋帝国イギリスが世界に進出し、オランダやフランスと争いながら、莫大な富を蓄積していく時代に花開きました。現代における「歴史の不足」も、根底では、今のことだけ考えていれば何とかなるという、啓蒙主義から技術的理性の支配へ、という近代思想史の大きな流れと、深い関係があるのでしょう。

理性信仰が啓蒙主義を生み、啓蒙主義は何でも数量化して裁定すればよいという意味での合理主義を生んだ。理屈にあった世界は人間理性の計算でいつも生み出せ、管理できるのだとしたら、歴史に立ち返って、教訓を得ながら、希望と不安に引き裂かれて悩み続ける「温故知新」の態度など、たいへん時代遅れに見えてしまうでしょう。

けれど、理性主義の自信など、近現代においてはやはりたかが知れていると言わざるをえません。それは歴史が証明しているのです。

歴史なき熱狂、歴史なき陶酔

「啓蒙主義」によって歴史を忘れさせられた近代が、技術的理性によってうまく管理できないとどうなるか。歴史に立ち返って出直す場合もあるでしょう。しかし、二〇世紀前半には多くの国で違うことが起こりました。

アメリカ発の世界大恐慌が資本主義の信頼を大きく損ね、歴史なき理性主義が破綻《はたん》したとき、歴史なき反理性主義への逆転が生じたのです。それがファシズムです。再びカール・マンハイムの分析を『イデオロギーとユートピア』から引きましょう。
「（ファシズムという）この非合理主義の立場は、歴史や社会の大きな構造上の動向を把握するにはもっとも不適当な立場かもしれない。しかし、この爆発の瞬間のうちには、歴史から把握されたことはないし、おそらく把握することはできないような、非合理的なものの深淵が、そのたびに姿を浮かびあがらせてくる。合理化されていないものは、ここでわれわれの意識や心理のうちの、未開の領域、歴史に関わりのない部分と結びつく。そしてここから、すくなくとも今まではまだまったく非歴史的であった領域への視野が開けてくる」（同前）

歴史がない今だけの世界が理性主義のコントロールを離れるとき、代わりに入り込むのは、同じく歴史がない反理性主義、非合理的なものです。

歴史を忘れた人々は、たとえば大恐慌のような不安の時代に投げ込まれると、そこに容易にはまってしまう。「温故」のない不安の意識は、適切な問題解決に失敗して、「知新」ができたつもりで、ファシズムに拍手喝采《かっさい》するのです。

刹那に熱狂する。瞬間に陶酔する。歴史なき技術的理性と、歴史なき投げやりな反理性は、とても相性がいい。しばしば交換可能なのです。どちらも歴史的厚みを持たないから、正反対の中身なのに同じところにきれいにはまるのです。これは恐ろしいことです。

そのファシズムは、マンハイムの言うのとは違って、歴史を捨象するのではなく、むしろ持ち出すのですが、それはたいてい、インチキで単純化されて粗雑で都合よくゆがめられた「歴史」です。歴史なき歴史とでも呼びたいものです。しばしばオカルトまでも含んでまいります。歴史知らずの人々はそこにもまたよくはまってしまう。そしてこのパターンは二一世紀においても繰り返されうるのです。もう繰り返されているのかもしれません。「神話」が「啓蒙主義」につながり、「啓蒙主義」は「ファシズム」に反転し、「ファシズム」は「現代の非合理な神話」を生み出す。たとえば「世界最優秀で、絶対に間違えずに成功する民族の神話」を。神が無謬《むびゅう》であるように。理性が無謬であるように。

歴史の味わってきた痛い目をたくさん噛みしめていれば、すぐインチキだと分かるのに。溺れる者は藁《わら》をも掴《つか》む。危機の時代には、あとから考えればおかしなことを、平気で大勢が選択してしまう。

歴史の免疫を足らせましょう。歴史なき「神話」と「啓蒙」と「ファシズム」の三兄弟は、いつもセットで警戒される必要があります。それらはまぎれもなく「温故知新」の敵であります。

第四章

ニヒリズムがやってくる

なおも「温故知新主義の敵」の話をさせてください。歴史と向き合う態度の類型学というか、「温故知新」のつもりでも、すぐはまってしまうパターンの分類学というか、あるいは警戒リスト一覧表というか。こんなに警戒するものばかり、いよいよ、にっちもさっちも行かない気がしてまいりますが。

1　歴史は繰り返す、と思ったらアウト――「反復主義」という落とし穴

「完璧な平等」を求めて

「反復主義」。そういう言葉はあまり使わないかもしれませんが、歴史と反復というのは考えておかないわけにはゆかないテーマですし、ここで取り上げておきたいと思います。

要するにすべての歴史は繰り返しにすぎないという話なのですけれど、そんな「反復主義」の重要な提唱者といえば、何はさておきルイ・オーギュスト・ブランキです。

ブランキは一九世紀フランスの革命家。フランソワ・バブーフの影響を強く受けました。バブーフはフランス大革命に参画した革命家たちの中でも極めて急進的でした。自由と平

等と友愛という革命の三大スローガンのうち、バブーフが熱心だったのは平等です。社会的・経済的・政治的平等の実現の夢にとりつかれていた。王政の打破にあきたらず、それをひとつの出発点として短期日でのフランスの社会主義化を目指しました。そして、さらなる革命を企てたのですが、一七九六年、決起の前に捕えられます。そして翌年、死刑を宣告されて、ギロチンで首を落とされました。

このバブーフは共産主義の始祖とも呼ばれます。社会を構成する人々はみな対等でなければならない。人間の本質は、個人の欲得の追求にあるのではなく、社会的存在としての喜びをみなと分かち合おうとするところにある。個人的存在主義でなく社会的存在主義。みんなで助け合ってこそ人は人らしくなる。これこそ社会主義です。

バブーフはその理想を徹底追求しようとしました。人間が社会的存在として完成するためには、個人の欲得が抹消されねばならない。それは私有財産の否定というかたちをとります。個人的財産なる観念はもはやいらない。共同財産しかない。共産であります。社会主義の極北が共産主義なのです。

バブーフはそれを「完璧な平等」という言葉で表現していましたが、やがてコミューンという言葉を持ち出します。コミューンは共同体です。みんなが助け合い、私欲も私心も持たない、濃密な共同体。そこからコミュニスムという言葉が生まれました。それを理論として育て上げ、思想的中心人物になるのはマルクスとエンゲルスですけれども、理想と行動においては先行する大物たちがいた。それがバブーフであり、ブランキでありました。

ブランキという男

ブランキはバブーフの理想の継承者となろうとしたのです。一九世紀のフランスで、革命の声あれば、そこに必ずブランキありという、ブランキその人が革命そのものであるかのような英雄になりました。

一八三〇年にはシャルル一〇世を倒した七月革命にブランキあり。しかし、シャルル一〇世を退場させた主勢力は私有財産を増やしたいブルジョワたちなのですから、ブランキと反りが合わない。社会主義的変革を主張するブランキは危険分子として捕まります。

一八三九年には「四季の会」のクーデター未遂事件にブランキあり。それで捕まります。一八四八年にはルイ＝フィリップを倒した二月革命にブランキあり。といっても、ルイ＝フィリップを倒して資本主義と共和政をセットにするところに二月革命は落ち着いてゆくのですから、七月革命同様、共産主義を標榜するブランキが納得できるはずもない。

ブランキにとって、革命のもたらす現実は、いつも幻滅の繰り返しでした。裏切られた革命というやつです。過激なブランキは鉄砲玉のようなもので、革命が終われば、危険人物は味方だろうが用済みなのです。臨時政府と対立してまた捕まります。革命に加わっては捕まる。ブランキの人生は「決起→逮捕→獄中生活→恩赦→決起」というパターンの反復だったのです。

しかも、ブランキは危険中の危険人物でした。秘密結社を作って少数精鋭で、いきなりテロを仕掛けてくる。市民や労働者が集まって暴動を起こし、騒乱化して体制転覆というのが、フランス大革命でも実践された革命の王道でしょうが、ブランキの革命は「秘密の精鋭」たちの工作によって行われる。

思想運動や政治運動への監視と弾圧が強まると、おのずとそうなるのですが、ブランキの共産主義的理想の過激度がそうした状況を昂進《こうしん》させてゆくところもある。「精鋭の指導」による暴力革命運動こそブランキ主義の真髄であり、レーニンの忍者のような革命運動も、もちろんブランキという先人なくしてはなかったのでしょう。

一八三九年に決起した「四季の会」という、ブランキが考え出した組織が何しろ凄《すご》い。下位に「週」と呼ばれる組織があり、「各週」は「月」に指導され、「各月」は「春夏秋冬」の命令を受け、「春夏秋冬」の指導者は「年」の指導者に従う。ピラミッド型であり、「週」は「月」のことが分からないし、「月」は「四季」のことが分からない。各セクションでブロックされていて、ある日、上から指令がくるのです。

昔のアメリカのテレビ映画『スパイ大作戦』では、ある日、にわかに磁気テープで指令が届き、録音を再生すると、テープは再生後に自動的に消滅してしまう。指令の証拠も残らない。その指令をどの組織の水準で誰が考え出したのかもよく分からない。そういうのがブランキ流なのです。共産主義の革命の理屈はマルクス、戦術はブランキ。そんな役回りでしょう。

「反復」という諦念

ですから、ブランキは、脅かされる体制側からすると、娑婆《しゃば》にはいてほしくない。すぐ何かしでかしますから。なるたけ牢獄に閉じ込めておく。ブランキは何度も捕まりましたが、そのたびに刑が重かったのです。なかなか出てこられない。ブランキはのべ三〇年以上も牢獄に入っていました。

牢獄の暮らしも、単調な繰り返しでしょう。そっくりの牢が並んでいて、囚人たちは同じ囚人服を着せられて、単調な日課が金太郎飴《あめ》のように続く。すこぶる機械的です。人間の個性が奪われ、類型的になる。

ブランキはいろいろな次元で、反復を経験していたのです。入り組んだ反復の中で、その繰り返しの呪縛を全部ご破算にしてしまう革命を夢見るのですが、その日はちっとも来ない。娑婆に出してもらえず時は経つ。

彼が「反復主義」にとらわれたのも故あることなのです。ブランキの人生を尋ねれば、そこは繰り返しで覆い尽くされている。ブランキは一八七〇年、獄中で『天体による永遠』を著しました。これこそ「反復主義」の書です。

たとえば、アドルノの友人でもあるヴァルター・ベンヤミンは未定稿の断章の山としてしか残されていない『パサージュ論』に、『天体による永遠』の、まさに反復についてブランキの論ずる核心部分を彼なりにノートしています。

ベンヤミンはブランキの書に、近代人の陥る、時間や空間や歴史に対する、ある感覚の最上の表現を見いだしたのです。それはもちろん「反復」という強迫観念にとらわれ、ほんとうにそうとしか世界を感じられなくなった人間の諦念《ていねん》なのです。

世界は反復と繰り返しと複製でできている

そんなブランキの言葉を自由にパラフレーズしてみれば、こんな具合です。

「宇宙は無限だ。無数の星がある。そこにはこの地球のような星もたくさんあるだろう。宇宙には大勢のブルジョワがいて、大勢の労働者がいて、大勢の革命家がいるだろう。ところがだ。その宇宙を構成するものはたった一〇〇かそこらの元素なのだ。とても限られている。とても限られたものが無限の相違や個性を作り出せるなんて、誰が信じられるだろうか。私が今書いていること、話していること、考えていること、感じていることが、唯一無二だと言えるだろうか。歴史主義者は唯一無二だというだろう。時間は過ぎてゆく。二度と戻らない。何年何月何日何時何分何秒はそのときにしかない。再現不能である。だが、それは歴史主義者のたわごとではないだろうか。今、牢獄に捕えられているブランキがいる。フランスの革命家ブランキは私しかいないかもしれない。しかし、宇宙の無限の時間と空間まで広げて考えたらどうだろうか。ブルジョワがいて、労働者がいて、革命家がいて、必ず逮捕されて、逮捕されれば同じようなことを考える。着るものだって、書くペンだって、紙だって、時の数え方だって、同じようなものかもしれない。だとすれば、この宇宙には無数のブランキがいるのではないだろうか。同じように捕まり、同じように世をはかなみ、同じように獄中での思考を綴る。それがこの世のすべてなのではなかろうか。限られた元素の組み合わせでしかないものは、無限の固有性を担保することが不可能であり、唯一無二の歴史とほざきながら、同じ人間、同じ事象、同じ思考、同じ牢獄、同じ囚人服、同じ言葉を再生産し続けているに違いない。ということは、時間と空間も唯一無二とは言えない。同時に、あるいはずれて、われわれが唯一無二だと信じていることがこの宇宙で反復されている。私が考えることは、別の天体で別の私が考えていることと同じであり、書いていることも別の天体で私が書いていることと同じなのだ。まったく同じものが宇宙に満ちている。この世界は反復と繰り返しと複製でできている。オリジナルなものは何もないのだ」

以上は、ブランキの「反復主義」の要点のつもりで、私が自由に書き綴ったものですが、このブランキ流だと歴史はやはり消滅してしまう。「神話」や「啓蒙主義」や「ファシズム」とは違ったかたちで。

「ああ、またか」

『天体による永遠』でのブランキは、過去だ、現在だ、未来だと、装いを変えて違うつもりになっているけれど、それがそれぞれ唯一無二の歴史だというのは、歴史の意味を重く見すぎた人々の錯覚であって、人間精神も物質も所詮はきわめて単純な成分の組み合わせでしかないのだから、ありふれた類型しか実は産みだしていないと考えるのです。

事件も、精神も、思考も、感情も、言葉も、文章も、行動も、動作も、声も、宇宙のどこかで既に起きたこと、存在したもののなぞりであって、限られた元素から出てくる順列組み合わせのすべては、もうこの宇宙で試されているというのです。

「温故知新主義者」が歴史の一回一回の独自性に学んで不断に「知新」を積み重ねて行こ

うとする姿勢も、「啓蒙主義者」の考える理性の進歩も、「保守主義者」の石橋を叩いての漸進《ぜんしん》も、「復古主義者」の失われた過去に懸ける情熱も、「ロマン主義者」のいろいろな過去を懐かしんではため息をつく、どこかぬるい態度も、「ファシスト」の今の固有性に賭けて過去も未来も忘れてしまう熱狂も、「反復主義者」からすればなんの意味もない。「反復主義者」には、古いことも新しいことも固有のことも何もないのです。

そんなへんなことを普通は考えまい。そう思われる向きもあるでしょう。確かにブランキほど思い詰めて、「何事も繰り返しだ、繰り返しなんだ」とばかりは、考えないかもしれません。でも「反復主義」は、長い獄中生活に疲れ果てたブランキのみならず、複雑怪奇な現代社会に翻弄《ほんろう》され続ける私どもを、幾分なりとも蝕《むしば》んでいるのではないでしょうか。

たとえば、ひどい殺人事件があったとしましょう。そうすると「同じような殺人事件は何年前にもありましたよ」と言う人がいる。それは一種の「温故」であり、同じようだけれどもどこが違うかに目を凝らすことで、新しく起きた殺人事件の今ならではの固有の意味が発見されれば、それこそ「温故知新主義」なのです。

そもそも、そこで死んだ人はその人しかいないわけで、同じような殺人事件が起きても殺されている人が違えば、それだけでも違う。「同じ」ではなく「同じような」ないし「似たような」の「ような」が大事になる所以です。

ところが「反復主義者」に「ような」はない。「同じような」の「ような」が感じられなくなった「同じ」というところで思考が終わるのです。「ああ、またか」。そこから先がなくなる。

これほど怖いことはありません。どうせこの世は繰り返し。「またか」。それで終わる。くたびれて思考が粗雑になって、「違いの分かる男」とか「違いの分かる女」になれないと、「反復主義」に堕ちる。「反復主義」とは、疲労して感覚の摩滅した人間の堕ちる、「近代の地獄」なのでしょう。この地獄とはニヒリズムの地獄です。

心が動かない

「またか」で終わる。歴史は常に唯一無二という感覚が飛ぶ。すると喜怒哀楽が失われます。心が動かなくなる。心は懐かしいものや新鮮なものに対してよく動く。懐かしさは過去とつながり、新しさは未来とつながる。現在と違う過去があり、未来があると思えるから、心が動く。感動する。ファシズムの我を忘れる感動もありますが、それは過去も未来も忘れる「忘我の瞬間」に熱狂して感動しているのです。「啓蒙と理性」も感動には遠いところがありますけれど、それは現在にいつも光を当てて分析して計算していなければならないという意味で、現在に対する緊張はある。

しかるに「反復の牢獄」に堕ちると懐かしいも新鮮もない。緊張もない。心が動かない。事象に対して感情を持てなくなる。そこに生まれるのがニヒリズムでしょう。気持ちが動かなくなるとは、意味を見いだす意欲がなくなることだから、無意味になる。もう知っている同じことなのだから。それがどうしたの、という気持ちしか起きなくなる。ブランキが長く単調な牢獄の生活で陥った気持ちだと思います。

過去の似たものから現在・未来を類推する作業を不断に続けること。それがおそらく「温故知新主義」の要諦《ようてい》でしょう。似たものを発見するのと、同じものを発見するのとは決定的に違う。歴史に同じはないと考える立場からすれば、そっくり同じものを感じてしまうのは「病気」といえるのではないでしょうか。「反復主義」は歴史を学び過ぎて疲れてしまった人のかかる病なのかもしれません。

「そんなことはローマ帝国でもありましたよ」、「織田信長のやったことですよ」、「政治家は今も昔も同じです」。

そこからは、「保守主義」の保って守ろうとか、「啓蒙主義」の理性の光で照らそうとか、「ファシズム」の熱狂しようといった、やる気も生まれません。これは結局、諦念であり、感覚の喪失であり、今の時代に固有のものを認めなくなる「不感症」的態度ということになる。世界は反復。発見なし。古いも新しいもなし。自分も何かのコピーだから固有の自意識があると思うだけ虚しい。みんな無意味。ニヒルな地獄とはそういうものです。「同じ」で歴史を考えだすと、新しいことがなくなる。ブランキ流に言えば「安倍晋三もトランプも、レーニンもスターリンも、宇宙に同じ人はたくさんいるから、喜んだり、悲しんだり、いちいち心を動かす必要もない」となる。

「似ている」と「同じである」は大違いだと、いつも嚙みしめていなくてはなりません。感覚を鋭敏にしていなければなりません。そこに頓着《とんちゃく》しなくなると「反復主義」になる。歴史をあまりマニュアル化してパターンとしてみる習慣をつけすぎると、「温故知新」のつもりでも「反復主義」に転化してしまう。

「似ている」を肯定しつつ「同じだ」を否定する

その先に来るのは「予定説」です。

二〇一一年に福島で原発事故が起きたとき、「こういうことが起きることは分かっていました」と言う人がいた。そういうのが格好いいと思ってしまう人もいる。分かりますが、それはニヒリズムです。

じゅうぶんに予見されていて、それが起きないほうがよいことなら、止めたいと思っているべきであり、起きないようにと念じるべきであり、それでも起きたら、そこで無力を味わい、はじめてニヒリズムに堕ちる。それなら分かります。

でも分かっていて、どうせ起きるのだと開き直っている。起きても何とも思わない。自分の切実な問題と感じられない。人間はかくかくしかじかだから、それは必ず起こると考えてしまう。

「反復主義」とは少し違うかもしれませんが、重なります。ブランキ流に言えば、限られた元素でしか構成されていない人間は、失敗も常に同じです。反省しても無意味なのです。これは「予定説」です。

シチュエーションを変えながら、同質の失敗を反復する。変えようがない。同じ人間だから。手にした力に相応の失敗を必ずする。原子力なら原子力について失敗する。当たり前である。そのように何が起きても無感動に突き放してしまう。分かっていたことが起きているにすぎない。テロが起きることも、戦争が起きることも分かっている。反復だから。「同じこと」が起き続けるという思考にはまると、人間はかくも堕落します。歴史に同じはない。いちいち違うことが起きている。でも昔と似ている。このパターンで考えられないと「温故知新」は成り立ちません。

「相似」を肯定しつつ「同一」を否定する。「温故知新主義」の原則です。ブランキの呪いは、メドゥーサの眼でしょう。「温故知新」のための視力や聴力や感受性を失わせ、「温故知新」を石化してしまう。「相似」を「同一」に、「生き生きとした歴史」を「無味乾燥な歴史」に変えてしまう。

出来事に驚きが足りなくなったら、人は注意しなくてはなりません。「反復主義」の病に冒されていないかと。

2　なぜか答えが先にある——「ユートピア主義」という落とし穴

ユートピアと歴史

「ユートピア主義」という言葉があります。

「理想主義」とも言えますが、ユートピアとは天国のような理想郷で、そこまで行くと理想は実現して動きがなくなるのです。歴史もユートピアが来ればなくなると考えてよい。そこでは本質的に新しいことが何も起きなくなるのですから。最大限に充足した世界。それがユートピアです。充足が永遠に続く。変化がない。歴史がない。「天国史」とか「極楽史」といった表現はあまり聞かないでしょう。そこはいつも同じなのですから。

ということは、ユートピアには「温故知新」は必要ありません。両者は敵対するというよりも無縁であると言えるでしょう。

マンハイムは『イデオロギーとユートピア』の中で、オカルトとは反歴史的だと述べました。オカルトと天国を一緒にしてはバチが当たりますが、オカルトは歴史の因果連関を超越して事をなせる世界でしょうから、歴史と無縁というのは当たっていると思います。その点では、ユートピアとオカルトも同じようなものなのでしょう。

しかし、ユートピアそのものでなく「ユートピア主義」となると、歴史抜きでは語れなくなります。

「ユートピア主義」は現在がユートピアではないという認識から生まれます。ユートピアでない世界をユートピアに変えるにはどうすればよいのか。これは歴史の問題になります。過去がああであり、現在がこうであるから、未来に向かってどのようにすればユートピアがやってくるかを、時間的な道筋で考えるのが「ユートピア主義」のありようでしょうから、「ユートピア主義」は歴史認識の問題と切り結んできます。

マルクス主義の登場

そこで実例を考えてみましょう。「マルクス主義」です。「マルクス・エンゲルス主義」

とここでは言い換えても構いますまい。カール・マルクスは、フランスの熱烈な共産主義者で「反復主義」の巨人ともなったブランキよりも一三歳下、マルクスの盟友のフリードリヒ・エンゲルスは一五歳下になります。

はて、このふたりは、どのような歴史の道筋をたどって、私有財産が否定され、共同財産によって、みなが幸せに暮らす、ユートピアとしての共産主義社会が実現すると考えたのでしょうか。

そう、ブランキは、共産主義を理想と情熱の力によって実現しようとし、その情熱の結果を獄中で懐疑して、ニヒリズムに反転しました。けれど、マルクスとエンゲルスは、共産主義の実現を理想と情熱に任せるのではなく、歴史の必然と考えようとしました。といっても、放っておけば自動的にそうなるというのは言い過ぎで、共産主義の理想に目覚め、「前衛」、すなわち世界の最先端に立つ者が、世界を正しく導くことによって、歴史の必然の歯車ははじめて効果的かつスピーディに回ると考えた。客観的必然性と主体的能動性の組み合わせというわけです。

するとマルクスとエンゲルスは具体的にどのように歴史を認識し、必然の歯車の姿を描き出したのでしょうか。その歴史の関心はやはり特に経済史に行きます。

五分で分かるマルクス主義の歴史認識

では「マルクス主義」の説くところを、エンゲルスが著した共産主義入門のパンフレットのような小著『空想から科学へ』に主に従って見てまいりましょう。

ヨーロッパでは中世まで、生産手段は労働者のものでした。中世ヨーロッパにおける労働は、自由農民もしくは小作人による小規模の農業と都市の手工業であり、そこでの生産手段というと、土地や農具や仕事場や道具ということになります。それらは各労働者の所有物とは限らないけれど、原則としては各労働者個々人しか使わないものです。農具や工具とはそういうものでしょう。使う人の経験が道具に沁みついて、道具がまた人に浸透してくる。手に馴染《なじ》むというやつです。

そのように、中世においては、生産手段は貧弱ではあったけれど、労働者と生産行為と生産物とがじかに結び付いていたのであり、作られるものも基本的には作った人のものでした。農民も手工業者も、自分で作ったものの中から必要な分を自分がとり、余剰を自分で作れないものと交換する、もしくは売ることで、生活を成り立たせ、社会経済も出来上がっていたのです。

ところが時代は変わる。ブルジョワジーが出現し、中世を打ち壊し、社会を近代資本主義化してゆきます。

手織機や鍛冶屋の鎚の代わりに、紡績機や蒸気槌があらわれます。個人の仕事場の代わりに、数百人数千人規模の工場ができていきます。それに伴って何が起きるか。中世までは生産物は個人の労働に帰属していた。だが、そうでなくなるのです。

工場では、みんなの労働が生産物を作り上げることになる。しかもみんなの労働による生産物は、個人の労働による生産物よりも効率的かつ大量に作られるので価格が安くなる。

さて、この生産物は誰のものなのか。中世では個人の労働による生産物は個人のものになっていた。ならば、みんなの労働による生産物は、みんなのものになるのか。そうではありません。生産手段の所有者である、工場主とかのブルジョワジーのものになるのです。

ここがおかしいのだと、マルクスとエンゲルスは言います。ものを生産するには生産手段が必要だけれども、生産手段だけでものが生まれることはなく、そこには労働が介在しなくてはなりません。つまり、生産手段＋労働力によってものはできる。ということは、そうして生まれたものは、生産手段の所有者（ブルジョワジー）と労働力の所有者（労働者）によって共有されるのがひとつの筋ではないでしょうか。

ところが、資本主義の筋は違う。

生産手段の所有者がものを独占し、労働者にはものの代わりに賃金を払うシステムを作ってしまう。なぜなら、ブルジョワジーはものによって儲けることで設備投資をし続けなくてはいけない階級だから、というのがマルクスとエンゲルスの説明です。

要するに、資本家と労働者で、儲けたお金を公平に分けたら、設備投資をするお金が残らなくなって、資本主義は続かなくなるというのです。

近代資本主義は、市場を舞台にした弱肉強食の生存競争です。企業は価格競争と品質競争と新製品開発競争に明け暮れなくてはいけません。同じものだけを作っていたら、競争に負けてしまう。競争に勝つためには、工場設備の改善や新製品の研究などに、膨大な投資をしていかなくてはならない。そこで労働者に、労働に見合ったお金を与えないで、値切って、先に投資に回す。

資本主義経済の原則は、マルクスとエンゲルスによれば、労働者から搾取して設備投資のためのお金をひねり出し、労働者には作ったものを与えず、労働者と生産物を切り離してしまうことにあるのです。

生産物をもらえず、代わりに賃金を与えられる労働者を、近代資本主義は生みだした。その種の労働者がプロレタリアートと呼称されます。

プロレタリアートとは、単純に言うと、終身賃労働者のことです。生産手段は大規模化し、個人では扱いきれないものになる。個人だけで所有し扱えた貧弱な生産手段は、価格競争によって淘汰《とうた》されてゆく。零細業者は潰《つぶ》れてゆく。多くの個人は工場での賃労働にしか生きるための選択の余地を見いだせなくなります。中世の労働者は自分で食うものや自分で使うものをなるたけ自分で作り、余力があればアルバイト的に賃労働をして小金を稼ぎました。しかし、近代の労働は賃労働以外の労働を認めなくなっていきます。

中世までの生産の目的は自家消費でした。中世の農民は食べもののみならず家具や着物も自分で作り、領主に年貢をはらい、なお余ったものがあれば売りに出しました。売りに出たものが商品になります。したがって、中世においては、ものはあっても、商品は少なかったのだと、マルクスとエンゲルスは考えます。

対して、近代資本主義社会では、労働者は作ったものを自分のものにできず、賃金で必要なものを買わなくてはならなくなります。そういう社会では基本的にはすべてのものが商品になるのです。

そうやって、プロレタリアートの給与を調整して搾取しながら、資本家は競争に生き残ろうと、あの手この手を尽くし続けるのですが、そもそも資本家は、自分の作っているのと同じタイプの商品がどれだけ市場にあらわれるのか、どれだけ必要とされ、どれだけ売れるのかを、よく知ることができません。何人もその生産物の現実的需要がどれだけあるのか、ほんとうに売れるのかどうかも知らない。それでも作ってみるしかない。ヒットを狙って。競争ですから。休むわけにもゆかない。突き進み続けます。

品物が売れるか売れないか。目安としてとりあえず予想されるのは、価格と品質でしょう。少しでも安く効率的に、よい商品を作り続けなくては、資本家は商売あがったり。そのためには生産手段をひたすら更新してゆくことが何よりも肝心です。設備投資をする、機械を改良する。より大規模にする、そのための資金をひたすら捻出《ねんしゅつ》する。

そこで調整役になるのは賃金です。ブルジョワジーはプロレタリアートに彼らが作ったものを与えず、賃金のみを払ううえ、その支払いを少しでも安くして設備投資に回そうとする。そうでないと資本家の立場が続かない。しかも機械の改良と生産の効率化はしばしば労働者の数を減じる効果を持つのです。

したがって、資本主義が進めば進むほど、労働者は解雇され、失業者は増大することになる。マルクスとエンゲルスの資本主義の分析では、資本主義経済は進展すればするほど、失業率を上げるのです。

とはいえ、いくらブルジョワジーが苦労しても、生産力の拡大と市場の拡大の歩調を誰もそろえることはできません。繰り返せば、資本主義社会の特色は無政府性・無統制にあるのです。アナーキーなのです。

資本主義下の企業はしばしばものを作り過ぎてしまう。商品が市場にあまりに過剰に供給されれば、デフレが続いて、恐慌に至る。実際、マルクスとエンゲルスの生きた時代には、一八二五年からの約半世紀のあいだに、ヨーロッパを六回の恐慌が襲いました。過剰が困苦欠乏の源となる。ブルジョワジーが、生産手段を統制し、効率化し、改良すればするほど、ものが世の中に溢れて、無政府状態が深まり、恐慌が繰り返されるリスクは高まります。恐慌になればブルジョワジーも淘汰される。会社・工場は潰れ、経営者も失業者の仲間入りをしてゆきます。

しかもブルジョワジーが生産手段を統制し効率化し改良して、ものをますます作れるようになると、それがとりあえず恐慌を招かずに済んでいる状態としても、賃金をもらえず何も買えなくなる「産業予備軍」（仕事を失ったプロレタリアート）がひたすら社会に蓄積されてゆくことになる。

商品の過剰が社会に困苦欠乏する人間の層を膨らませる。この矛盾の解消は、ブルジョワジーには理論的に絶対にできないと、マルクスとエンゲルスは考えます。

なぜならば、ブルジョワジーは、自らが生き残るためには、賃労働者の賃金よりも、生産手段にお金を投ずることを運命づけられているからです。したがって、プロレタリアートは、どんな善意のブルジョワジーがいたとしても、いくら慈悲深く公正な経営をしようとする資本家がいたとしても、根本的には救われません。その種の慈悲や公正は、資本主義の内在的・根源的な要請に反しているからです。

となれば、ものが溢れ、貧しい者もまた溢れる状況を解決するには、プロレタリアート自らが、高度化し集中化し効率化した生産手段を所有し、自らの必要に応じて計画的に生産するようにするほかないでしょう。

貧しい者が社会の多数派をすっかり占めたところで、矛盾がシステムの根本的革命によってしか解決されないことを、共産主義の「前衛」が広く社会に知らしめれば、資本主義の秩序を墨守《ぼくしゅ》しようとする律義者は、ほとんど消えてしまうでしょう。

競争に勝ち残っている資本家を助けようとする人間がいなくなってゆく。人々から資本主義を支えようとするエートスが、つまり心が消えて行く。苦労した報いを得られない社会とは、生きがいのない社会ですから。

こうして資本主義はその断末魔において、生産手段の社会への解放を迫り、共産主義革命の段階に至るのです。

そして革命後の社会が資本主義の轍を踏まず、再び瓦解《がかい》への道を歩まず、人々がユートピアに暮らすためには、資本主義によって高度化した生産手段を、プロレタリアートという階級としてのみんなが、みんなのものとして公有化し、共同財産化して、ものがみんなに行き渡り、みんなが豊かに暮らせるようにするほかはないと、誰でも分かるようになるでしょう。

中世のように自分のものは自分で作り、必要なものは自分で手にする社会を、しかし中世のように個人的・小集団的ではなく、あくまで社会的・大集団的・世界的に作り出す運動の段階へと立ち至っているのが、資本主義の進展している今。自分で手にするのではなく、みんなで手にするのが今。マルクスとエンゲルスの認識でした。

頂上が決まっている山に登るのか

長くなりました。しかし、整然として無駄のない議論ではありませんか。この「ユートピアに至る道を見いだして実践しようとする主義」は「温故知新主義」と比べるとどうでしょう？

歴史を学ぶ。「温故」する。そのとき歴史はどのようなスパンで観察されるべきか。ミクロからマクロまで自由自在にふるまえないと、「知新」のための知恵はうまく見つからないでしょう。もしも大きく筋道を立てたいと思ったら、当然、マクロに捕まえる技が大切になる。マルクスとエンゲルスは大きく捕まえるひとつの見本を示しました。

何年何月にどこの会社に労働争議があった。何年に恐慌が発生した。労働争議も不況も恐慌も繰り返される。でもそれは「同じ」ではない。反復ではない。資本主義の成長即破滅の過程の時々刻々と変わる瞬間瞬間に起こってくる、どれも唯一無二の事例なのです。

そのそれぞれの意味を測定しながら、共産主義革命の実現度がどれだけ高まっているのか、それとも一時的に遠のいていているのかを分析し続ける。

それは確かに「温故」と「知新」の組み合わせとも思われますが、「新」が「新」でないとも言える。「新」の行き着く答えは共産主義のユートピアであると、もう知っているのですから。

その最後に来る未来のユートピアの手前の段階が今であり、では具体的にどのくらい手前の段階なのか、正確な位置を知るのが「温故知新」の「マルクス主義」的な意味でしょう。あるいは、最後の答えを明確に出してそこを動かせないことで成り立つ「ユートピア主義」全般における「温故知新」の意味でしょう。

つまり登山のようなものです。頂上は決まっているのです。山登りの時に頂上が動いたらたいへんだ。登山者の知りたいのは今が頂上の手前のどこなのか、何合目なのかということと、今、登っているルートがほんとうに頂上への適切なコースなのかということでしょう。

究極的に行き着く先の定まっている「温故知新」。そんなものがあるでしょうか。「温故知新主義者」は「マルクス主義」のマクロに見渡し、筋道をつかむ構想力の見事さからは大いに学ばねばなりません。歴史はミクロにこだわるばかりでは見えません。遭難します。

しかし、終点を決めて、そこから振り返って終点の手前としての現在と未来を眺める姿勢には倒錯性を感じるでしょう。

確かに、マルクスとエンゲルスの資本主義理解は筋としてとても通っている。ただ、プロレタリアートが私有財産を否定して共同財産しか持たないのが正しいと思うようになるというのは、やはりひとつの思想でしょう。

そこまで行く保証、みんながこれから何でも共産だと心の底から信じるようになるという当たり前は、いくら「前衛」がそれを請け負っても、やはり当たり前ではないのではないか。賭けの要素が大きく残る。そこまで行くかもしれないが、行かないかもしれない。

要するに、いつ登り着くか分からない、もしかして頂上がないかもしれない山に登るということです。最後を「予定」して居直らなければ「マルクス主義」は堕落しないが、そうでなければ堕落する。

ユートピア主義という化け物

「温故知新」の「知新」は、荻生徂徠のいうように変転し続けて測りがたい今に立ち向かうための知恵なのであり、立ち向かうときに頂上はどこだろうかと方向性を意識して探すのは大切ですが、途中がどうなろうと「行き着く先」は決まっているから目標も目的も不動だと考えるのは「温故知新主義者」には許せない。

いつか歴史が終わってユートピアが来ると信じたら、「温故知新」はひび割れてしまう。「温故知新主義者」は、「マルクス主義」に対してなら、「共同財産のユートピア」という終わりの到来を不可能な夢として、それを信じず、しかし、「温故知新」のために世の矛盾を見つける仕掛けとしては「マルクス主義」からたくさん学ぶ。

「マルクス主義」の約束するユートピア的なものを無限に遠方に投げて、決して見えない頂上として、「予定」から外してしまえば、「マルクス主義」(そうなったらもうマルクス主義ではないかもしれないけれど)は「温故知新主義」の味方になるかもしれません。

「ユートピア主義」が、それがもし最後の答えを守って「温故知新」から「知新」を不断に更新する意欲を、「どうせ行き着く先はユートピアなのですから、それ以外の『新』を考えるのは邪道です」と「異端審問」のようなまねをしてくるのなら、「温故知新主義者」はそれを退けねばなりません。

結局、「ユートピア主義」とは本質的には「復古主義」や「ロマン主義」の同類なのです。過去の戻りたい点が、未来の行きたい点に化けているのです。

「ユートピア主義」は、未来に、さも確実のようなものとして投影された、実はとても頼りない夢。影のような、一種の化け物。ユートピアの手招きに気を付けましょう。

第五章

歴史と付き合うための六つのヒント

第一のヒント　歴史の道は似たものさがし

歴史には、厳密な意味でまったく同じことが繰り返されるということが、絶対にありません。思考が粗雑となったり、歴史に対する目や耳がアバウトになったり、ブランキのような天才的人物が単調な獄に長く幽閉され続けたりすると、まったく同じという幻想や達観にたどり着くこともありますけれど、それは歴史という迷宮で道に迷って、鏡地獄に落ちている状態と言えます。

歴史に同じはない。すべては固有である。アドルノでも小林秀雄でも、そこは同じです。歴史に対する考え方として、アドルノは「マルクス主義」から、小林秀雄は「反マルクス」から出てくる人ですが、歴史に対する態度としては重なります。

しかし、これも今まで繰り返してきた台詞ですが、似ていることは起きる。同じは似たでない、似たは同じでない。同じではないが似ている。差異に留保をつけながら、似ているところから「傾向」をつかむ。パターンをつかむ。こうなったらこうなりうるという確率を予感する。「温故」の基本の技です。

そして、その傾向から今を分析し、あるいは勘を働かせ、外れて当たり前のつもりで、現在未来を読んでみる。それが、歴史という、だんだん重くなってくる「子泣き爺」の泣き声に必死に対応し、歴史を引き受けて生きる、ということなのです。

すこぶる乱暴に言えば、「似たものさがし」の人生だ。それでいいのです、「生きた歴史好き」になろうとすれば。「似たものさがし」をするしかないのです。歴史を漂流し、「いつか見たようなもの」を拾い集める。

今日も明日も、事件は起きます。歴史を知らないと、いちいちものすごく新しいことが起きているようにも思える。けれど、歴史に深入りすれば、たいていのことには「似たこと」がある。「似たこと」が起きる理由は、偶然もありましょうが、やはりシチュエーションが似ているので、そこから起きる出来事も似るのだと、考えられる場合が多い。シチュエーションが近いから同じような人物になると、思えるケースも多い。

歴史の中から「今の類例」となるカードをため込んでゆく。これが「温故知新」を当意即妙に現実の時々刻々にあわせて実践し続けるための必要条件になるでしょう。ただし、そのカードの大きさはそろっていない。歴史のピン・ポイントの片言隻句のカードと、まとまった時間の中での大きな事象の推移のひとまとまりのカードとを、サイズが同じと認識したら、まずいでしょう。当たり前ですが。

歴史に学びながら現代に生きるということは、繰り返せば「似たものさがし」をすること。とはいえ、歴史から何でもかんでも集めましょう、では際限がなく、実際的でもない。

「既視感」という手がかり

そこで大切なのは「既視感」です。実際には見たこと、感じたことがないのに、この歴史の一コマは経験したことがあると思える。なぜ既視感を覚えるかといえば、もしかしてもしかして、前世で本当に体験しているからかもしれませんし、小林秀雄ならそう言いかねませんけれど（何しろブラヴァツキー夫人の神智学を経由している人なので）、もっと合理的に解しておきますと、やはりそれは、実際の人生の中で、生きている同時代の中で体験して知っていることと同型的だからではないでしょうか。

同じことはないけれど、似たことはある。既視感のある歴史は身近に自分の内に刻んでおけるし、そこから枝葉を付けて覚えられることも忘れにくい。そういうストックの作り方をすると、記憶術的にはいい。

そんな既視感にこだわってばかりいては、知識が広がらないのではないか。そうとも言えますが、そんな次元の話とは、そもそも違うのではないでしょうか。「温故知新」の「温故」とは、故事来歴を学ぶのですけれども、故事来歴は、それを単なる情報の域として受け取るだけでは、学んだことになりません。身に付かないのです。すぐ忘れるのです。

身に付くためには感じなくてはいけない。故事来歴が知識を超えて感じられることがあるのか。やはり既視感なのです。歴史を生きた知識にするための大切な回路は、既視感に他なりません。

どういうことでしょうか。現在の私が、過去の歴史を学び、現在未来を考えるために、新しく起きていること、起きそうなこと、起きうること、あるいは自ら起こしていること、起こそうとしていることについての認識を新たにするのが「温故知新」であるというのは、その通りだと思うのです。

でも、「温故」は、それを厳密に言おうとすれば、もっと手が込んでいる。わたくしどもひとりひとりが故事を実感できるつもりにならないと、「温故」は生きた知恵にならない。

歴史を実感する。生まれる前のことを実感する。考えようによってはありえません。実感が実体験から生まれるのなら、生まれる以前を実体験していたらオカルトである。オカルトでなく歴史を実感できるとしたら、実は「温故」には前提があると考えねばならない。既に見たと思えるから、経験がなくとも、実感できる。既視感の成立する根拠は、自分の経験です。現実で見たのかもしれないし、夢で見たのかもしれない。そのときのわたくしは、今この瞬間の自分ではない。個人の経験史を積んだ時間的総体としてある個人史的な身体です。自分だけの「子泣き爺」を抱えた自分です。
要するに、「温故知新」という行為を行う自分とは、情報や理性だけに支配された今この瞬間の自分ではない。幼時からの歴史的身体と共にあり、無数の実感を積み重ねてきた自分である。「温故するわたくし」とは「理性的なわたくし」にあらず。わたくしそのものが歴史である。

必要なのは「活知識」

わたくしという歴史のミクロコスモスで、世界の歴史のマクロコスモスを受ける。そこに既視感が生まれ、歴史が実感される。わたくしというミクロコスモスで請け負える歴史だけが身に付くといってよいでしょう。
したがって「温故するわたくし」は、「わたくしの経験の歴史を有するわたくし」としてはじめて「温故」でき、そこからまた今や未来に帰ってくるのが「知新」と考えられるのではないでしょうか。既視感があるとは、同じように感じられる、とても似ているということでしょう。自分の経験と似ているから、自分の経験からよく分かるから、実感できて身に付けられた、歴史の記憶の破片や、破片というよりはもっとまとまって記憶された歴史の脈絡を抱えて、そこからまた、現在や未来に、歴史の記憶と似たもの、似るもの、似そうなものを発見し、「知新」を更新し続けて、変転の窮まり無き世をこぎわたっていこうとする。

ややこしいですけれど、そういう話になるでしょう。「似たものさがし」は、わたくしが歴史に既視感を手がかりにして心の動くものを蓄積してゆく過程としての「似たものさがし」と、そうしてなした「温故」を知恵にして、歴史の中からとりだしたものと現在未来の中からとりだせるものとのあいだに「知新」のために行われる「似たものさがし」との二段構成になるわけでしょう。

結局、既視感なくして真の「温故」はならず、ということです。いささか窮屈なテーゼですが、ただ歴史を勉強して情報をかき集めておけばいいというのとは、やはり違うことなので、ここまで突き詰めておかねばなるまいと思うのです。早い話が、身に付いていないと、肝心なときに思い出せない。それは「活知識」ではない。「活知識」ではない情報を蓄えても「温故知新」はできない。特に緊急性の高い危機的な状況下では。歴史がどれだけ身に付いているかは、「新」のための「故」をすぐすくいあげられるか否かにかかっている。

すると、いろいろな歴史を「活知識」にして広く深くたくさん「温故」のできる人はどういう人間かということになると、経験ないし想像力の豊富な人間になるでしょう。ここに尽きてくる。

いくら歴史を勉強しても、経験か想像力かその両方かに豊かさがないと、おそらく無駄です。見たことはないが見たように思える。いろいろな見たことのないものが見たようにいきいきと動く。内に入ってくる。過去と現在と未来が似たものとして重なってくる。そのためのキャパシティやポシビリティは、経験と想像力のフィールドをどれだけ持っているかに比例します。経験を積んで夢もたくさん見よう。そうすると歴史は活物になる。たくさんの対象に既視感が持てて、よく分かる親しいものになり、多くの歴史が身のうちに入り込んで生きた記憶になる。そういうことではないでしょうか。

先にも引きましたけれど、小林秀雄は『考えるヒント』の「歴史」の項でこう述べていました。

「私達の歴史に対する興味は、歴史の事実なり、歴史の事件なりのどうにもならぬ個性に結ばれている。ある事件が、時空の上で、判然と局限され、他のどんな事件とも交換が利かぬ、そういう風な過去の諸事件の展開が、現在の私達の心中に現前していなければ、私達の歴史的興味は、決して発生しない。何故であるか。誰も知らないのだ」

そして、この一言がうしろに用意されています。「この言葉（＝歴史資料）は、何故だか知らないが、過去は過去のまま現在のうちに生きているという、心理的事実に根を下している」

なぜ、経験しないことが「現在の私達の心中に現前」するのか。なぜ、「過去は過去のまま現在のうちに生きている」のが歴史に惹《ひ》かれる者の「心理的事実」になるのか。「似たもの」や既視感をめぐる話は、小林が「何故だか知らない」ということにしておかなければならなかった話に、無粋に踏み込んだ類《たぐ》いのことでありました。お粗末さまでした。

第二のヒント　歴史小説は愛しても信じない

歴史に学びながら、現代に生き、未来に生き延びようとするということは、「似たものさがし」をすることだと述べてきたつもりです。そして「似たものさがし」はひとりひとりがそれぞれの人生の中で行うことだけれど、時代時代に、みんなが、大勢が、自分たちと重ねて見つけてしまう「似たもの」があるのです。そうなると「似たものさがし」自体が歴史になります。そういう歴史を探るとき、格好の素材は「歴史小説の歴史」です。大勢が歴史の中に「似たものさがし」をし「自分さがし」をし、それがかぶってくる。その歴史の証拠として残るのは、そのときたくさん読まれた歴史小説なのです。

『徳川家康』がベストセラーになったワケ

たとえば山岡荘八の大長編小説『徳川家康』は戦後の高度経済成長期のサラリーマンの愛読書になりました。なぜでしょうか。戦国時代から江戸時代に至る徳川家康の長い生涯に、一六世紀から一七世紀にかけての、他の時代とは決して重ならない固有の時間の性格を知りたくて、徳川家康の小説を、ある時代の大勢が読むということはありえないでしょう。

わたくしたちと徳川家康はある面で似ている。

わたくしたちは徳川家康とわたくしの人生を似させて生きられるのではないか。

わたくしたちは徳川家康とそっくりには生きられないけれど、似た局面での判断や、人生の積み重ね方への態度において、徳川家康から学ぶことができる。

そう思えるから、大長編小説を読むのでしょう。辛抱して仕えたくない人々に仕え、耐えに耐えた挙句の果てにようやく一枚看板になって、そのあと看板を大看板に育てる。ときに無茶をしないこともない。大博打は必要だ。だが、なるたけしない。「鳴かぬなら鳴くまで待とうホトトギス」とは徳川家康に対する「川柳的批評」ですが、よく言ったものです。

戦後復興から高度成長期へ。終身雇用の身分を獲得し、最後には大企業の重役か社長になるかもしれないと夢見て、堅実な成果を上げ、世の中と一緒に着実に成長する。あるいは地道にコツコツやって、店や工場を広げていく中小企業経営者。そういう時代の男子の、還暦や古稀くらいまでの人生のイメージ。

山岡荘八はそこに訴えるように上手に『徳川家康』を書いた。政治や合戦の話ばかりでなく、たとえば、徳川家の経済の舵《かじ》を取り、金山・銀山の開発に尽くした大久保長安の政治とビジネスにとてつもない頁を割いている。

私は子供のとき、戦国のいくさの話が好きでしたので、そうした関心から『徳川家康』全二六巻を通読しましたけれど、子供が期待しているものとは中身が違いました。それは経済小説であり、企業小説であり、戦後日本の功なり名を遂げるかもしれないサラリーマンや企業経営者にとっての「温故知新」のための「パノラマ的ヒント集」だったのです。

大久保長安の思想、出世欲、具体的行動、彼が対応すべき事例。それは現代の組織に生きる人間のとりうる態度や具体的にぶち当たる事例と似ているのです。だから学べる。応用もできるように思われてくるのです。

読者が司馬遼太郎に求めたもの

司馬遼太郎の『国盗り物語』や『竜馬がゆく』も、やはり歴史的人物に仮託して、現代を生きる人々の「温故知新」の想像力を育成するものでしょうが、司馬になると、山岡荘八のような地道に長い時間、忍耐する人は書きたがらない。

『国盗り物語』なら斎藤道三と織田信長。『竜馬がゆく』なら坂本龍馬。斎藤道三は長生きですが、やるときは電光石火。油売りが大名の家臣になり、主家を乗っ取って美濃の国守になる。だが、人生そこまでと観念し、娘婿《むこ》の織田信長に期待する。この人はもっと乱暴者の即断即決者で大胆不敵。旧秩序を壊しまくる。坂本龍馬に至っては青年のうちに死んでしまう。ところが、「司馬史観」に基づけば、短い人生なのだけれど、まぎれもなく明治維新の立役者だ。しゃべりまくって電光石火で事をなす。

つまり、司馬遼太郎は山岡荘八よりも短いスパンで事をなす人を好んで描いた。それは、山岡と司馬の、作家としての個性の相違の問題には違いありませんが、読者の時代と世代の問題でもある。

山岡は『徳川家康』を一九五〇年から一九六七年にかけて新聞に連載しました。日本がアメリカに占領されていた時代に執筆が始まっている。徳川家康は、少年時代には今川義元のところで、松平家から差し出された人質として暮らしている。似ていませんか。占領されて国家の独立を保てておらず、アメリカの言いなりになって、生きさせてもらっている日本に。そこから独立して一枚看板になる。織田信長や豊臣秀吉と同盟して、日本の秩序作りに参加してゆく。似ていませんか。独立を回復して日米同盟を基軸に経済的に成長してゆく日本に。

そして、もちろん、徳川家康はその時代に成長してゆく日本の企業のサラリーマンとも似ている。国家社会にじゅうぶんな力がないから、会社にうまく入れたら、転職などはあまり考えず、終身雇用をあてにして、とにかく地道にやる。最後は出世するかもしれない。うまく「温故」を「知新」に結び付けていけば。

実際、『徳川家康』が完結する頃には、日本は占領下の貧しい日本から、東京オリンピックが開かれ、大阪の万国博覧会に向かって突き進んでゆく日本になり、貧しかった戦後初期の青年サラリーマンたちも、忍耐のかいあって、豊かな中産階級を形成しつつあった。人は歴史に似たものをさがし、みんなの「似たものさがし」が集合的・集団的に歴史のある対象と波長が合うと、『徳川家康』が大ベストセラーになる。

ところが、『徳川家康』こそ自分と「似たもの」と思い定め、艱難辛苦《かんなんしんく》の宮仕えにもひたすら我慢して、最後の大出世にかけた世代の、ひとつ下の世代になると、上の世代がたくさん作った貯金による余裕を元手にして、もっと短期で大事をなすことが可能でないかと夢想し始める。これはもう「ロマン主義的似たものさがし」とも言えるけれど、そこで好まれる「似たもの」は徳川家康でなくて、織田信長や坂本龍馬になる。

山岡荘八の次の国民作家として、山岡の『徳川家康』が完結するころから大躍進してゆく歴史小説家が司馬遼太郎であるというのは、それがそのまま戦後日本史なのです。「マルクス主義」に傾倒して革命で世界をたちまち変えられると思った若者は、『竜馬がゆく』を読んだのです。大胆な戦略・戦術によって、さらに過激に日本を成長させようと思った政治家や実業家は『国盗り物語』の織田信長に憧れたのです。

「似せたもの」に喜んでいてはいけない

「似たものさがし」は「温故知新」の基本であり、個人個人が自らの関心において歴史を探求し、現実にフィードバックさせようというとき、最も重要な思考の働かせ方になると言えるでしょう。もちろん「似たものさがし」とそこからの「知新」は、「温故知新」で生きたい人が臨機応変に発見し意味づけてゆくべきものです。ずっと、たとえば徳川家康のことを考えていても仕方ない。

でも「歴史の中の似たものさがし」は、それ自体が歴史にもなってしまう。山岡から司馬へ。それは戦後日本史そのものなのです。そのときどきの時代の反映として人気のある

「歴史の中の似たもの」が時代のアイドルとして君臨するのがまた歴史であり、その「似たもの」のガイド役になるのは、たいてい歴史小説家ということになりましょう。歴史小説はロマンですから。最大多数にとっての憧れの過去を誇張してみせるのが歴史小説家の腕ですから。

ということは、歴史小説家の提示する「現代のあなたに似たもの」は、それ自体として「現代のあなたに本当に似たもの」ではたいていの場合なく、「現代のあなたに似せたもの」なのです。「似せたもの」が「似ている」のは当たり前で、そこで喜んでしまって「似たもの」を見つけたような気分になって、歴史を分かったつもりで満足するのは、もちろん「温故知新主義者」としては喜ばしいこととも言えません。そこに歴史家と歴史小説家の永遠の相克《そうこく》も生じるのですが、「歴史の一瞬一瞬はそのときに固有だから安易に似ていると思うな」と言っては、「温故知新」が成立しなくなる。今を生きるための知恵として歴史が機能しなくなる。

似ていると思えなくては、今に生きた歴史感覚は作動せず、歴史は活物にならず、「温故知新」もできない。しかし、似ていると思えすぎる場合には、小林秀雄の言葉を使えば、接している「歴史資料」が不適切なのかもしれない。今が今を発見しているだけのトートロジーになっているのかもしれない。

いつもどこかに中庸を！　つまらない話になりますが、中庸を意識しておかねばなりません。「似たものさがし」を歴史に対してではなく歴史を騙った別の何かに対して行っていないか、注意しなくてはなりません。そして「似すぎているもの」への熱狂を懐疑しなくてはなりません。

第三のヒント　「偉人」を主語にしてはいけない

歴史知識が豊富で、「似たものさがし」が得意なつもりの人でも、しばしば陥るのは、「主語に個人を立ててしまう」という癖です。坂本龍馬とか勝海舟とか伊藤博文とか石原莞爾《かんじ》とかナポレオンとかマッカーサーとかアレキサンダー大王とか、この人がこうしたというふうに主語を立てる。世界偉人伝的歴史観です。

この人がそう判断したからこうなった。指導者や意思決定者が優れているか優れていないかということで歴史を考えたがる。そういう話をしたがる人には、真摯な「温故知新主義者」と違って、単に自己愛の強い人が多い気がします。実は偉人と自分を重ね合わせているのです。

　確かに自分と似たつもりのものを投影して過去の英雄を発見しているのでしょうが、そのときの自分は「歴史的身体」や「歴史的自己」として自分史の経験の中で鍛えられてきた人間というよりも、ナルシシズムの中で歪められた幻想の人間であったりするように思われるのですが、それはともかく、個人で歴史を語ることには限界の多いことを意識しているかいないかは、歴史を語る人の教養を示します。

歴史のカメラがピンボケしていないか

　太古から人間は社会をなし、国家を作ってきました。ほんとうに小さな集団であれば別ですが、ある程度の規模以上ならば、人ひとりがどういうポジションにいても、それで国家や社会が単純に動くことはないでしょう。

　たとえばナポレオンがいる。ジンギスカンがいる。ふたりともまぎれもない世界史の軍事的英雄ですけれど、では彼らの軍略は、どこまで個人的天才に由来し、どこからがジンギスカンだとその時代の騎馬民族全般の発想や能力に由来するのか、ナポレオンだとフランス革命によりフランスの軍隊の性格が貴族や傭兵《ようへい》の軍隊から民衆の軍隊に変じたことに由来するのか、それを峻別《しゅんべつ》しなければ、主語はほんとうなら明確化しないのです。

ところが、われわれは気安く「ジンギスカンは」「ナポレオンは」と喋ってしまう。映画を論ずるとき、撮影や美術や照明や編集のスタッフ名を主語にして語るべきところでも、みんな監督の名前に換言して済ましてしまうようなものです。

確かに、総責任者は、主語にされてしかるべき存在ではありますが、歴史に対して主語の設定をどれだけ引いたり寄せたりできるかで、見え方はまるで違ってくるし、その判断ができるか否かに、歴史のセンスの有無が問われるのです。大切なのは適切なピントなのです。大きな話のときにあまりカメラを寄せ過ぎ、アップにしてしまい、千人いる景色のうち百人しか写っていないようでは、仕方ありません。

主語が、ジンギスカンなのか、ジンギスカンの部下なのか、そのまた部下なのか、それともモンゴル人なのか、モンゴル人の乗った馬なのか、そこを使い分けねば、せっかくの歴史の学びもピンボケになります。木を見たいのに森を見てしまい、森を見たいのに木を見てしまい、結果的にある種の思考の混乱を招いてしまうのです。

それでもなお、主語が偉人や英雄にならなければならない場合は、いくらでもあるでしょう。だからこそ偉人は偉人であり、英雄は英雄なのです。けれど、彼らとて時間と空間に限定された歴史的存在にすぎません。

今日の日本の状況を見て、「今、坂本龍馬がいれば」とか「今、田中角栄がいたら」とか、そういう話をしたがる人が後を絶たないでしょう。でも、「歴史の中には似たことが起きる」のだから、坂本龍馬に似た人が今日、どんな役割をなすことができるか、できないかを考えてみることは有益だと思いますけれど、同じように活躍できるという前提を無謬的に信じてしまえる人がいるとすれば、それはまったく歴史的思考ができていません。

「時と所を得る」という視点

同じ人でも、時代状況が違えば、同じパターンになりようがないのが当たり前なのです。西田幾多郎門下の哲学者、高山《こうやま》岩男は、よく「所を得る」という論理を展開しました。

人間の発想や能力が発揮されるか否かは、その人生と能力が時と所を得ているか得ていないかに尽きる、というのが高山の説明です。田中角栄が低成長期に、坂本龍馬や織田信長が天下泰平の時代に現れたら、平凡に人生を終えたかもしれない。世界はうつろい続ける。生まれたときが悪いのか、それともわたしが悪いのか。どんなタレントも時期が違えばダメなのよ。偉人や英雄もそうなのよ。歴史とはそういうものです。

それなのに、何の留保もなく過去の偉人英雄の名を持ち出して、今の時代には彼らのような人物がいないからダメなのだと高唱し、「人物よ、出でよ」と叫ぶ者が必ず出てくる。

こうした人は、歴史を愛する者に見えるところもあるからかもしれませんが、実は単なる超歴史主義者です。織田信長はいつの時代にいても織田信長になると思ってしまえるおめでたい人です。でも、高山岩男が言うように、人は時と所を得れば人となり、時と所が合っていなければ、地味に消えて歴史に残らないだけなのです。ただそれだけです。歴史を忘れた英雄主義ほど、滑稽《こっけい》なものはありません。

そのうえ、歴史の趨勢《すうせい》は、現代を、ジンギスカンやナポレオンの時代以上に、個人を屹立させにくい時代にしています。あらゆる分野にその傾向は認められるでしょう。わたくしたちが生きているのは、極度に複雑化する一方の世界です。

二一世紀を持ち出さずとも、二〇世紀になればだいたいそうです。石原莞爾が満州事変を起こしたという言い方をよくしますし、彼が首謀者だったのは確かですが、その石原は、日本陸軍の中の関東軍の中の一参謀だったのであって、個人の独断で勝手なことができる立場には当然ない。私軍を持っているわけではない。石原に同調者がいたり共鳴者がいたり、影響を与えてくれる人がいたりして、歯車が回る。

そのような組織が起動するときに、一個人が主語ということはありえません。組織全体で眺めて把握し、主語を切り分けていかないと、歴史になりません。石原莞爾一個人から見ようとすると、たいへん限界がある。

近代とはそういう時代です。政治でも経済でも軍事でも、規模が大きくなればなるほど、個人の差配という視点にこだわっていては主語を間違えてしまう。

にもかかわらず、個人に還元したがる傾向が根強いとすれば、それはどんなに歴史が進もうとも人間はやはり個人であり続けるしかない、個体でしかない、生まれたときもひとり、死ぬ時もひとりということから来る限界でありましょうか。

人間は集合生物でも群体生物でもない。運命共同体とか、国民とか、社会集団とか、階級的連帯意識とか、さまざまに言うけれど、その構成員は原則として個体であり、意識が融合しているということはない。それだから、個の評価をもってして、人間も歴史も国家も社会も判断しようとするのは、生物としての限界なのです。

でもその限界は絶対的限界ではなく、意識の持ちよう持たせようによって、それなりに突破することができる。歴史叙述の主語設定も工夫しようと思えばいくらでもできる。

英雄は、出ない

しかし、子供の頃に偉人中心主義を叩き込まれがちで、偉人伝全集のようなものを読破して、その感動が歴史への興味の基軸となる人も多いのですから、どうしても偉人英雄の話をしたがるし、聞きたがる。現代においてはひとりの人間を語ることによって世の中を語ったことになることはほとんどないのは、みんなよく知っているはずなのに。

自然科学にしても、キュリー夫人やアインシュタインくらいまでだとまだ個人の伝記である程度語れるわけですが、現代における研究というのは、京都大学の山中伸弥教授にしても、大きな研究所のなかで予算を取り、共同研究員がたくさんいて、ある集合知の代表者みたいなところがあるでしょう。

もっとも、ノーベル賞など、個人に与えられる枠組みは根強く残っているわけですが。研究チームに与えるということにはなかなかなりにくい。ノーベルからして偉人伝の常連ですし、ノーベル賞が偉人の夢の再生産を続ける仕掛けになっている。もちろん、偉人になりたいと思う人が集まるからこそ、優れた研究集団も形成されるのでしょうが。

目を転じて、今の政治を見ますと、アメリカならトランプ大統領という個人のキャラクターは確かに絶大です。けれど、共鳴者がいて支持者がいて、彼らの支持を取るためにはどうするかだけで動いているとも観察される。いわゆる独裁者とはまるで違う。

ポピュリズムの政治家は、民衆の人気を取るという目的のために政治内容を創造し、それが支持を失えば、平気で手のひら返しをする。筋の通った個人の思想の実体はない。ポピュラーによって作り上げられるのがポピュリズム政治家でしょう。ポピュリズム政治家は民衆を操っているように見えるところもあるけれど、逆に民衆によって操られているとも言える。民衆の支持すること以外はできない。だからポピュリズム政治家なのです。ものすごく押しの強い実体のような気もしますが、実は民衆の作り上げた幻なのかもしれません。

個人の値打ちは、小さい

近代民主主義国家は、社会が成熟すればするほど、たくさんの組織とたくさんの予算とたくさんの人員とたくさんの手間で、国民と社会を管理してゆくことになります。近代民主主義国家は人権を擁護せねばならず、人権の擁護は自由を侵害しないレベルだけでなく、医療や老齢年金を含めた、人間的な生活を維持する公的仕組みの維持発展を込みにする。その道を持続できるかできないかで、飽和していっているのが、現代の先進諸国の姿でしょう。無数の小さな歯車の組み合わせになって、どこかを少し壊してもダメージが大きい。

個人の勝手をできる範囲は、たとえ権力者でもたかが知れている。そこにいまさら英雄が出てくるでしょうか。政治でも経済でも科学研究でも、個人の値打ちは縮減する一方です。

そうした時代にもかかわらず、依然として「英雄よ、出でよ」と言っている「歴史好き」がいたとしたら、的外れの域にとどまらず、危険ですらあるのではないでしょうか。

英雄偉人を主語に使いたがる習慣は、社会に大きな病を広める機縁になりえますし、もうなっていると思います。気を付けなければなりません。

第四のヒント　ものさし変えれば意味変わる

歴史上の出来事はそれぞれが唯一無二です。しかし、その評価は、スパンの取り方、ものさしの目盛り次第で、変わってきます。未来に何が起きるかによっても大きく変わりうるものです。

たとえば短期・中期・長期。常に複数の時間の丈で、歴史的事象を見ることが必要です。同じ中期や長期でも、どこから始めてどこで区切るかによっても、すっかり違ってくるでしょう。そしてもちろん、どの時間の丈や切り分け方が正解という話ではありません。相対性と柔軟性の中に、遠近両用で歴史を見て、柔構造の建築物のように、地震で揺れても壊れないように、バランスをとってゆくものの見方を、タイム・スケールの点で、身に付けようということです。

要するに、ああいえばこういえるようにしようということです。

タイム・スケールを変えてみる

たとえば江戸幕府のいわゆる「鎖国」政策はどうでしょうか。

キリスト教徒が、豊臣政権、ついで江戸幕府による国内統治によって、不安定要因と認識されるようになっていった。三代将軍徳川家光の時代には、ついに島原の乱も勃発した。キリスト教徒を核とする大規模な民衆反乱です。そうした騒乱の芽を摘んで、天下泰平を実現するためには「鎖国」。長崎に開港地を限定しての海禁政策。キリスト教は完全禁止。これは江戸時代の安定に寄与したというべきなのでしょう。戦争のない時代が平和で価値があるとすれば、江戸幕府は「鎖国」を有力な仕掛けとして「徳川の平和」の長き時代を築いたのですから、「鎖国」の評価はポジティヴになりうるでしょう。

ところが、一八〇〇年前後からの、ロシアやイギリスやアメリカの船が頻繁に日本沿岸に姿を現す時代となると、「鎖国」をしているあいだにヨーロッパは産業革命の時代を迎えて、軍事や航海全般の科学技術で決定的な差がついてしまっていることを認識させられてゆく。ペリーの黒船にいきなり今日の東京湾に侵入されても為す術がない。こうなったのは国を閉ざして近代化を怠っていたからということになる。そうなると「鎖国」の評価はネガティヴになるかもしれない。

　ところが、西洋文明に差を付けられたことに対する反発のエネルギーが明治維新の原動力になるので、「鎖国」がゼンマイを巻き続けてエネルギーを解放せず、内に内にと抑圧していた分、ロケットを景気よく発射することができたとも評価できるので、その面で「鎖国」を単純には否定できない。

　また、もし「鎖国」せず、西洋の文化を適宜、日本中に流入させていたら、「鎖国」後の文化的閉鎖状況の中で内にこもって熟成した、歌舞伎も文楽も浮世絵も、今に残るようにはならなかったでしょう。松尾芭蕉の俳句のようなミクロコスモスの文芸も、「鎖国」下でないと育たなかったでしょう。そう考えると日本文化の重大な遺産の多くは「鎖国」から生まれたとも言える。今日、日本文化の魅力が世界にアピールできるのも「鎖国」のおかげと言えなくもない。

　というわけで、「鎖国」は短中期的に見れば、天下泰平をもたらし、中長期的に見れば彼我《ひが》の文明に懸隔《けんかく》をもたらして日本人に危機意識とヒステリーを増進させ、さらに今日まで引っ張れば日本の貴重な文化遺産に膨大に産みだした素晴らしき爛熟《らんじゅく》の時代をもたらしたとも言える。

　ものさしを変えていけば、どんどん変わる。もちろん、文化を見るのか、宗教なのか、政治か軍事か経済か、見どころを変えればいくらでも変わる。
どれが正解かという話ではない。みんな正解でしょう、限定的な話としては。

正解がある、わけではない

あるいは、もうひとつ満州事変はどうでしょうか。ごく短期的というよりも近視眼的に見れば、日本の事実上の衛星国ないし植民地というかたちで満州国を作ることによって、移民先や投資先ができ、資源的にも経済的にも大きなプラスがあったと評価することもできる。

世界大恐慌後の、「グローバリズム」が退潮し、列強が世界の棲み分け、ブロック化を促進してゆく中で、日本の生き残るための重大な足場を作ったように見えた。しかもそれは、日清・日露戦争以来の、日本による朝鮮半島、中国大陸への権益拡大の歴史のひとつの決算にも感じられた。スパンを日清戦争から満州事変までで取ると、日本の満州への長年の野心がついに完結したとも言えるのです。

ところが、これは破局の始まりでもあった。

中国との関係が当然、極端に悪くなる。辛亥革命進行中の国民党政府など、国家を統一的に支配できていない名ばかりの政府で、相手にする必要もないと火事場泥棒みたいに満州国を作ってみたら、中国人の反日感情を煽《あお》ることになって、四分五裂していた中国人が、むしろ「国共合作」までして結集してしまう。中国のナショナリズムに火をつけたのが、まずは満州事変と言える。

満州国建国は、中国大陸への経済進出に意欲を持ち続けてきたアメリカとの関係も悪化させる。これはついに日米戦争につながります。満州国を認めないという国際連盟からも脱退し、そこでイギリスとの関係も冷却化しますから、日英戦争のきっかけにもなったと言える。

満州国を作ったことによって、ソ連と国境を直に接するラインが長くなってしまったので、国家安全保障上、厖大な軍事力が必要になり、その負担が日本国家を圧迫することになる。ソ連とも緊張関係が強まり、日ソ戦争の伏線になる。一九四五年八月の戦争最末期にソ連が満州に侵入してきた事態のことです。

そして、満州事変をひとつの起点とする日中戦争の記憶は、二一世紀になっても日中関係にくさびを打ち込んでいます。

このように満州事変に関していえば、楽しい話はほとんどないとも言えますが、戦後日本の官民一体での戦後復興と高度経済成長は、満州国での実験あってのことだとも評価されます。

どこからどこまでで見るか。何と関係づけるか。さまざまな評価が生まれうる。それが歴史というものです。

こんなにも違って見える

さらにたとえば日本近代全体をどこで切ってどう見るか。普通のスパンだと、明治と大正と昭和で分けるとか、一九四五年の前と後で分けるとかが、代表的な分け方になるでしょう。

そしていろいろな分け方の中で、何をポイントに据えるかでもどうとでも違って見えます。もしも、日本近代を「東アジア全域への武力を交えた覇権拡大史」ととらえると、明治初期の「征韓論」から、日清戦争、日露戦争、韓国併合、第一次世界大戦時の対華二一ヶ条要求、満州事変、上海事変、日中戦争と、間断なくつながってゆく。そして、満州事変の話で述べたように、軍事と経済を一体化させての、日本の大陸進出が、中国はもちろんのこと、ロシアとその後継国家のソ連、フランス、ドイツ、イギリス、アメリカとの対立関係を生む。ドイツとの関係のように修復できたものもあるけれど、第二次世界大戦期には、ただいま挙げた国々のうち、ドイツを除く全部と戦争になる。

とすると、明治初期の「征韓論」の流れを根本的に修正することなく一九四五年の大破局まで、日本は一貫して突き進んだという、歴史のスパンと解釈もありうるわけです。この立場からすれば、日露戦争も日米戦争も一筋の流れで理解できてしまう。

ならば、その流れは一九四五年で切れて、そのあとは別の歴史になるのか。「東アジア全域への武力を交えた覇権拡大史」だとすれば、確かにそこで切れるでしょう。しかし、そもそもなぜ、東アジア全域に武力を交えて覇権を拡大したかったか。それ自体が目的ではないでしょう。日本民族として朝鮮半島や中国大陸を何が何でも支配したいという妄執《もうしゅう》があったのではないでしょう。覇権拡大は、地政学的な安全保障を求めた面も大きいですが、それよりも経済成長です。

ペリーの黒船の経験から、日本は、一歩間違えれば、西洋列強に侵略され、植民地か属国にされてしまうという観念にとりつかれ、恐怖しました。その恐怖を拭い去るためには、日本が可及的速《すみ》やかに西洋列強に張り合える強国になる必要がある。そのためには富国強兵です、つまるところ経済成長です。近代軍隊はお金がかかりますから。富国にならないと強兵も無理。

ではどうするか。資源と市場です。日本が優先的にふるまえる市場や優先的に獲得できる資源が手近にあるのがいちばんである。だからこそ東アジア全域への武力を交えた覇権拡大がはかられた。

ところが最終的には失敗に終わる。日本は小国ではないけれど、日本本土で考えると大国とは言えない。人口も面積も資源も足りない。そこで大国化を目指す。でも、軍事にかなりの国富を投入していると、民間経済の発展がどうしても不十分になる。国力を軍事に振り分ける率が高いので、なかなか全体として経済成長しきれない。その中途半端な国がついに叩きつぶされてしまったのが、一九四五年の敗戦です。

確かにそこで歴史が切れるともちろん言うことはできるし、その方が何となく分かりやすい。でも、日本近代が、経済成長して大国になって欧米に張り合いたい歴史なのだとすれば、一九四五年を不連続でなく連続でクリアすることもできる。日本が国力を求める水準までなかなか足らせることができなかったのは、小国以上ではあるが大国未満の「中規模国家」であるくせに、大国並みに軍備を増強し続けようとしたからです。

しかるに、敗戦によって日本は軍備を撤廃させられた。「ポツダム宣言」の受諾によってそうなった。サンフランシスコ講和条約によって独立を回復してからも、自主防衛を追求せずとも、基本的にはよくなった。日米安全保障条約によって、日本も基地提供など、多くの負担を押し付けられますが、とにかく日本をアメリカの軍隊が守るということになった。日本自体は軽めの規模の自衛隊を持つことでじゅうぶんということになった。

明治維新以来、一九四五年までの日本財政の重しであった国防費が、戦後はとても軽くなった。ならば日本の国力でも経済成長ができるのです。明治維新以来の一貫した目標が、敗戦による軍事費のカットによって、ついに理想の水準で達成された。その意味では日本の国家目標は明治維新以来ぶれていない。断絶なし。

歴史を複眼で見る

歴史はどう切り分けて何を背骨に見るかによって、どうとでも言えるものです。そしてそれは悪いことではありません。歴史に正解なし。絶対の基準なし。「温故知新」の精神です。理屈で分かろうと思っても、常に新しい何かが立ち上がってきて、わたくしどもを希望と不安に引き裂く。「温故知新」は不断に更新され、今日を生き抜く知恵が見つからなくてはいけない。

今日次第で歴史の見え方は変わる。切り方も変えた方がよいことがある。われわれの「温故」が、つまり歴史の振り返り方が、今日のアクチュアリティと呆《ほう》けずにうまく連動していれば、われわれはいつも歴史を複眼で見ることになります。今に合うものさしに取り換えながら見ることになります。そして合っているからうまく行くか分からない解釈や選択や希望に懸けてみるのです。

「温故知新主義」は要するに複眼主義です。もしも単眼にはまったら、「温故知新」は滞る。歴史は硬直し死物になります。それを避けるためには、「ああいえばこういう」を無限に持続する、しなやかで強靭《きょうじん》な精神が必要なのです。

ひとつのものさしを信じすぎてはいけない。今日、よく測れたとしても、明日もよいものさしとは限らない。そしてどんな判断基準で歴史を見ているか、そのことには常に自覚的でなければなりません。

第五のヒント　歴史を語る汝が何者であるかを知れ

歴史というのは見方によって変わってくるという話をしました。難しいのはその見方というのは、けっして客観的・中立的なものではないということです。

どうしても自分の「願望」が入ってしまう。日本がどうなってほしいか、世界がどうなってほしいか。でもそれは悪いことではないのです。未来への「願望」なしに「温故知新」で行こうと思っても困ります。積極的に「温故」しようとするのは、やはり今が不安だからです。不安を希望にひっくり返すために、現在と未来を、不完全を運命づけられながらも、一所懸命に観察しようとする。希望を見いだすために「温故」を踏まえて「知新」するのですから、その精神作用に何の願望もないということはありえません。

歴史とは客観的な事実を見据えることだと思いがちですが、どんな人も主観からは逃れられない。自分が歴史のなかにどういう願望を投影しているか、その自覚がないと、視野の狭い「特定歴史真理教」に陥ります。これは最低最悪であって、「私はこうだけれども、あなたの立場からするとこうですね」という対話を不可能にしてしまう。今、この国のあちこちでは、対話が本当に不可能になっている。憂うべき状況です。

本来なら、歴史を学べば学ぶほど、正解のなさ、失敗の積み重ね、自分の経験や想像力の足りなさがますます見えてくるので、歴史への鋭敏な感覚が高まるごとに、ますます自分に自信が持てなくなるものです。かといって、ものを考えることは放棄できないから、「私はこう考えているが、こういうふうにも言えるし、ああいうふうにも言える」と、対話的な形で自己検証せざるをえないはずなのです。

歴史を勉強する際に何に興味を持つのかは、自分が生きている現代のなかに何を見て、自分の願望が何かを知って、それを歴史にどう投影するのかで決まるでしょう。

歴史学者もそうです。網野善彦が「楽」や「無縁」といった概念にこだわったのは、日本中世史を客観的にニュートラルに見て、もろもろある中のたまたまの一、二として、それらを研究しようと考えたからでは、まったくないでしょう。網野善彦という人が自由への想像力を爆発させていた。だから歴史の中に既視感のあるものとして、「楽」や「無縁」を発見した。それを日本の未来に投影しようとした。願望です、自由社会への。

でも「楽」や「無縁」だけでは日本の中世は語れないでしょう。また、網野にとっての既視感のある「楽」や「無縁」が、日本の中世の「楽」や「無縁」の実相をどれだけつかまえているものなのか。問いは終わらないでしょう。

学べば学ぶほど、歴史のなかに正解はないと思い知る。いろいろな可能性のなかで迷う人間になる。それでいいのです。辛いですが。「温故知新」の道に着地点はない。永遠に迷う。それでよいことがあるとすれば「特定歴史真理教」の信者にならずに済むということです。

第六のヒント　歴史は「炭坑のカナリア」である

歴史に学ぶとは、正解にたどり着くための道のりではないのです、残念ながら。「絶対こうなる」ということは分からない。けれども、「あのときはこうなったし、このときはこうなったから、今回もこうなるかもしれない」くらいのことは考えられる。参照項を増やしながら、リスクを回避していくようなイメージかもしれません。

それはつまり、炭坑にカナリアを持っていくようなものではないでしょうか。「歴史鳥」というのがいて、こっちに行くと危ないぞと教えてくれる。未来は、やはりどうなるか分からない。落盤があるかもしれないし、掘り続けられるかもしれないし、倒れてしまうかもしれない。そういうときに「歴史鳥」がいるかいないかは大違いなのではないでしょうか。

歴史に学んでも正解というものは分からない。だったら歴史なんてどうでもいいのではないか。嘘を言っても誰も気にしないのではないか。歴史はよく知らないが、理論的にはこうだから合っているのだ。そういう学者もたくさんいる。経済や政治を説明する人にはたくさんいる。歴史を軽視している。

するとどうなるか。先に触れたアドルノやマンハイムの話を思い出していただきたいのです。理性の驕《おご》りと反理性の熱狂に引き裂かれて、世界は壊れてしまうでしょう。もうだいぶん壊れているのかもしれませんが。

歴史は確かに頼りない。歴史はこんなに頼りになるという人がいたらインチキです。しかし真摯な「温故知新主義者」なら、「炭坑のカナリア」くらいは持てるものだと信じたい。せめて危険を察知するのには歴史は有効だと信じたい。それこそが「歴史愛」です。

第六章

これだけは知っておきたい五つの「史観」パターン

すべてはひとつの「史観」である

歴史は二度繰り返さない。時間は不可逆だ。その時間に起きることは全部が唯一なのだ。したがって歴史は一回性の出来事の無限の積み重なりでヨコもタテもできている。それをいくら学んでも未来のことが確定的には分かるはずもない。この先起きることも、過去に起きたことと同じく、一回性であるのに変わりはないのだから。

でも、今に対する鋭敏な問題意識を保ちつつ、歴史をよく掘り下げ、歴史的事柄を心に刻んで、歴史の知恵を今に生かせれば、無手勝流の思い付きや、経済合理性に基づけば人は必ずこうふるまうはずだからきっとこうなるという「科学的予測」や、「正義は必ず勝つ」というような倫理道徳的判断や、神仏がこうしてくれる予定だという宗教的・予定説的判断よりもマシではないか。

そんなつもりで、第五章までを綴ってまいりました。しかし、その本書の「つもり」を支えている「歴史とは、日々に新たに、過去を繰り返さずに、生成され続けるもので、未来に何が起きるかは過去に歴史の法則性を探求したとしても、決して事前に解き明かせるものではない」という態度とは、要するに何なのか。

荻生徂徠の『論語徴』に記された、「事の変ずること」は「窮まり無し」だから、事前にその内容を、どんな偉大な先師も語ることは不可能であったという、「温故知新」のうちの「知新」についての説明に、本書は立脚しているということなのですが、その徂徠の説明は、要するにひとつの「史観」です。

歴史は無限に変化して現在未来はどんなに考えても正体不明のものだが、常に「温故」しておけば寄る辺なき未来の航海へのなんらかの助けになるには違いない、という「史観」であり「歴史という概念の効用に対する説」だと言えます。

本書が本書を突き放すのもおかしいかもしれないけれど、どんなに「そうだ、そうだ」と語っても、それはひとつの史観にすぎません。たくさんの史観の中のひとつでしかありません。

「史観」のパターンを知る

史観とはどこから生まれるのでしょうか。先に述べた本書のテーゼに従いますと、史観はまずは「歴史的自己」の投影として生みだされ、「歴史的自己」の承認によって信じられるものだと思います。平明に言い直しますと、自分史を生きてきたおのれの経験的実感として、時間が経つとはかくかくしかじかのものだと納得されてくるとき、そのかくかくしかじかが「温故」の術として遠い過去にまであてはめられるということです。

「事の変ずることは窮まり無し」という、荻生徂徠の『論語』に導かれての台詞も、徂徠が歴史を観察して、いつも変じていると結論したと言えばそうなのだけれど、その前提は恐らく自分の人生が変ずることが窮まり無いように感じられている、そう思うのがいちばんしっくりくるということでしょう。

人生の感じ方はそれだけではありません。こつこつやってどんどんよくなるのが自分の人生だと考えている人が、それを歴史に投影すれば、歴史は昔から未来に向けてどんどんよくなるものだという史観とリンクするでしょう。逆に、人生はひたすら転落していくのだ、やることは年々うまく行かなくなるし、老いと病で調子も悪くなる一方だ、なんていう考え方をデフォルトにして生きている人が、「温故知新」しようとすれば、歴史とはただただ下へと落ちて行くものだという史観にはまるでしょう。

どの史観が正しい。そういう話ではありません。「温故知新」は、今の私の有する経験や想像力と、歴史の些細な最低ひとつの断片を結び付けることで、現在未来の姿が見えてくる、というかたちで、行えるものですが、過去をもっと大きなまとまりでとらえて長いスパンの未来と関連付けてイメージしようとすれば、「日々不可測」でも「右肩上がり」でも「右肩下がり」でも、史観がないことにはまとめようも、紐のかけようも、テープの貼りようもないわけです。

その史観のパターンを整理しておくと、「温故知新」に役立つと思います。どれかにはまるのではなく、「君子豹変す」で、自在に役立てられるようになることが、歴史の見方を自由に柔軟にする道です。どの史観がフィットするかは、人生観とも直結すると考えられますから、「史観の類型」を知ることは「自分の理解」にも役立つでしょう。

パターン①「右肩下がり」史観——どんどん悪くなります

仏教は仏教でなかった?

人間は年を取ります。生まれてからは、ずっと年老いて行きます。人生は死に向かってゆく道だ。どんなに元気なつもりでも、時間の問題とすれば、人生は死への秒読みをしているだけとも言える。死が迎えたくないものだとすれば、迎えたくない終点の大穴に向かって、ずっと下降しているのが人生ということになります。それを歴史に投影すれば、「右肩下がり」史観が生まれます。

歴史は下がる一方。たとえば仏教の末法思想です。『大集経《だいじっきょう》』という経典が、その思想のひとつの大きな出典になります。

仏教において、仏とは覚者であり、悟りを開いた者はみんな仏です。もしも人類全員が悟りを開けば、全員成仏できるし、誰も悟りを開けていなければ、仏はいないことになる。とはいえ、仏教の教えの本源を説いた人は、悟りを開いていないと説けませんので、仏は最低ひとりいないと仏教は始まらないし、大昔から大勢の人が修行しても、もしもひとりとか数名とかしか悟りを開けなかったとすれば、特別な人以外は僧になって修行しても無駄と予想されて誰も僧にならなくなってしまいますから、宗教として成り立ちませんので、たくさん成仏している実績がございます、ということを必然的に建前とする。それが仏教の立て付けです。

仏教の最初期には仏教は仏教でなかったとも言われます。おかしな言い方ですが、教えを不特定多数に広めるのは、起源においての仏教の姿ではない。その意味で、教えて信者の獲得を目指すというのとは、仏教は違っていた。信者を増やすのが宗教だとしたら、始まりの仏教はそうではなかった。気づいた人から逃げ出そう。ひそかに逃げよう。それが仏教でした。

この世をどうしようもなく悪しき世界と観じた人がいた。悟りを開けば、精神が現実の物質界を超越して、この世を離れることができると信じた。普通にしていては悟れないので、人里離れた山奥にこもるなどして、密かに勝手に修行して、成仏していた。

そういう行いを勝手にしている人のことがどこかで伝わった。仏教の悟りは自力救済の思想ですので、自分で修行して悟るしかない。偉い僧に師事して修行して卒業証書をもらえば、悟りが制度的に得られる、というものではない。自らが悟って、成仏して、現世を超越して、自らの仏の世界を開かねばならない。それはどこまでも勝手にやるもので、わざわざ広く教える性質の事柄ではない。

修行して仏になるという考え方は、いつかどこかで始まったには違いありません。しかし、広く説こうという意味での仏教がそこからすぐ始まる道理にはなりません。勝手に修行している人がいるらしい。それが、始まりの時期の、まだ教えとは言えない仏教だったのでしょう。

「末法」という考え方

そこに釈迦が出た。みんなに教えを広めたいと思ってしまった。釈迦は悟りを開き、すぐにこの世から消えてなくなってもよかったのに、しばしとどまって、不特定多数、一般民衆に、「みんな修行しませんか」と、教えを一通り広めてから、入滅《にゆうめつ》した。

仏として、現世にとどまって、声を発して、誰でも聞けるかたちで教えを説いたのは釈迦だけである。その意味で、仏教の教祖は釈迦である。本当に正しい教えをみんなの前でじかに語ったのは釈迦である。正しい教えは釈迦の説法にだけあった。釈迦は話して教えたのであって、自ら経典を書き遺したのではないでしょう。釈迦がいなくなった後は弟子が言い伝え、書き遺し、それを誰かが解釈して仏教は続いていった。

キリスト教もキリストは言葉と行いを遺して世を去り、あとは弟子が伝えたのだから、仏教と同じだ。そう思われる方もいるでしょうが、違うのです。キリスト教の場合は、創造主の神がいて、この世界と、今もこの先も世の終わりまで関わっていると信じられている。

ところが、仏教の場合の仏は、原則としては、悟りを開いたらさようなら、なのです。釈迦は悟りを開いてからもしばしこの世に残留してくれたけれども、やはりさようならした。仏はそうしてこの世と切れてしまう。それでは残された者は困るので、切れていないという理屈を後世の仏教思想家たちが一所懸命に考えるのですが、本来の仏教としては切れている。

ということは、釈迦のいた時代が、正しい教えの行われた唯一の黄金時代になり、肝心の広めた釈迦がいなくなったあとは、時間が経てば経つほど、教えの姿が正確に記憶されず、曇って歪んでゆくと考える。コピーを繰り返せば字が霞《かす》んでゆくでしょう。だんだん読めなくなる。あれと同じ感覚です。

教えは法と呼ばれます。最初のうちはその正しい教えを直接受けたり、正しい教えの解釈を覚えている人が多い。そのときは釈迦がいなくても、教えは基本的には正しく伝わっていると考える。その時代は正法《しょうぼう》の時代です。

それが像法《ぞうぼう》の時代に劣化してゆく。「像」とは「似ている」という意味です。仏像は仏そのものではない。似姿です。教えもそれと同じで、本物と似ている程度のものになってくる。ならざるをえない。もう本当のオリジナルは失われて、よく分からなくなってくるけれども、一応「像」という形でなんとなく分かる。正しい教えは経年劣化で薄れてくるが、まだコピーの字は読める程度には写っている。

そのあとがついに末法《まっぽう》なのです。正しい教えからいよいよ遠ざかり、ついに分からなくなる。あとはずっと迷妄の時代だ。

いつから末法か。年代の数え方はいろいろありますが、日本では平安時代の一〇五二（永承七）年に末法に入ったという思想が広まりました。だから鎌倉仏教には末法思想の影が色濃くにじんでいます。特に日蓮は際立ってそうです。もうおしまいだという煩悶《はんもん》の塊が日蓮です。

「懺悔」という態度

この仏教の末法思想が特殊かというと、もちろんそうではありません。人間は生まれてからはひたすら年老いるものだという、誰でも実感できる事柄に照応するので、下降型・没落型の時間と歴史のイメージは一定の説得力を持ちます。また、エントロピーの増大というイメージにも適合する。時間が経てば経つほど、物は崩れて塵芥になってゆく。末法思想のリアリティの所以です。それは繰り返し繰り返し、現代の有力な「史観」としてあらわれます。

たとえば日本の敗戦期。日本近代の代表的な哲学者、田辺元の主著のひとつとして『懺《ざん》悔《げ》道としての哲学』（一九四六年）が書かれました。

太平洋戦争の末期、負けるということが分かってきたとき、田辺はこれまでの自分を含めた日本人の歴史への対応が根本的に間違っていたのではないかと、懺悔を始めます。

ただ、これは日本だけが悪いのではない。世界から夜を確実に導く知恵がすっかり失われてしまった。アメリカやソ連は、資本主義が正しい、共産主義が正しいと言うが、正しいと称するものが当てにならないことを思い知らされ続けるのが現代である。どんどん人の眼が曇っている。思想対立も国家間対立も深まっている。人間が理性の力で、正しく問題を解決しようと思っても、知恵はもう失われている。田辺はやはり現代は仏教で言うところの末法だと考えました。

そんな末法の世に「こうすれば世の中うまくいく」なんて考え方は通らない。けれども、考えることをやめるわけにはゆかない。そのときの態度というのは、うまくいかないと分かっていても考えなくてはいけないという絶望的な営みになるから、「すみません、すみません」と言いながら、それでも考える。自分はどうせ正解の分からない愚か者なのですが、考えないわけにもゆきません、とりあえず生きて行かねばなりませんので、きっと間違っているのでしょうがそれでも考えてみます、という態度で、一切の驕《おご》りを捨てて、懺悔しながら生きる。懺悔道です。

カントやヘーゲルのように理性とか善とかで人類を導く理想は事実上破綻した。人間は堕落していって力をなくしている。それでも前向きに生きようと思ったら懺悔。ダメならダメなりに、心弱く、でも考え続けよう。驕った自信家が「これが正解だ」と強引に事を進め、破局的事態を引き起こすよりは、きっとましだろう。末法には末法の生き方がある。「史観」が哲学的態度にリンクするとたとえばこうなります。

孔子もまた……

そうそう、孔子も「右肩下がり」の史観の持ち主でしょう。

中国の神話的古代には、堯《ぎょう》と舜《しゅん》という皇帝が理想の統治を行い、この世に正義の貫かれた理想郷が実現していた。この「堯舜の世」から遠ざかれば遠ざかるほど世の中は乱れていった。孔子の生きた春秋時代も下降のただなかにある。下降を食い止めるには「堯舜の世」に戻ろうとしなければならない。

復古主義ですし、下降が歴史を支配し続けるとは言っていませんが、孔子の教えが行われなくては、世の中は沈んで壊れて行く一方だという点では、根本は「昔はよかった」なんですね。人間はどんどん堕落している、堕落から救うためにはこういう教えがいいと思うけれども、なかなかうまくいかない、と。もう、恨みの世界です。

『論語』に「朋あり遠方より来る、また楽しからずや」という名文句があります。これは宮崎市定の解釈に従えば、自分の教えに共鳴してくれる人がめったにいないので、遠方より来てくれて嬉しいのです。力点は、「めったにいない」ということのほうにある。恨みがそれだけ深いと読むわけです。分かってもらえないという恨みが儒教のベースにはあるのでしょう。

パターン②「右肩上がり」史観――どんどんよくなります

悲観ばかりではない

人間の肉体をベースに考えると、人生は避けがたい死に向けての日々刻々の行進であるという話がどうしても避けられません。仏教のはじめに釈迦の説いた四苦も「生老病死」でした。仏教は考えようによっては厭世《えんせい》思想ですが、いやな世の中は「右肩下がり」の没落とイメージされるのが、据わりがいい。

でも、人間の社会的地位や、親となって家族に囲まれる幸せなどを、人生にイメージすると、逆の方向でも考えられてくる。人生はだんだんよくなる。山岡荘八の『徳川家康』がまさにそうでした。年を取れば取るほど、家康はよい人生に向かっていって、権力の頂点に上り詰め、子だくさんで、家族親族が多すぎるほどで、ついに大往生する。日本の高度成長期のサラリーマンや事業者は、それを夢見て、山岡の描く家康に人生の理想を託しました。それが歴史に投影されれば、もちろん「右肩上がり」の史観になります。

たとえばキリスト教の「神の国の到来」の思想は、いちばん最後に天国が来るのですから、だんだんとよくなるのではなく、天国に行ける人にとっては最後にいちばんよいことが待っている話ですから、一種の「右肩上がり」的史観とは呼べるでしょう。

仏教でも、末法になったらそこから先は迷妄の世がずっと続くのだとの悲観論ばかりでなく、『法華経』のように、みんなで信心して努力すると、釈迦が再び地上にはっきり姿をあらわし、この世を極楽に変えるという思想を説く経典もあります。これもまた、だんだんよくなるのとは違うかもしれませんが、キリスト教と同じ程度には「右肩上がり」の史観と言えるでしょう。

人間中心主義の時代

そして近代に向かっていく時代の人間の考え方で言いますと、やはりルネサンス以後の西洋文明史で「右肩上がり」に基づく時間の捕まえ方が幅を利かせてまいります。

神というものは本当にいるのか。科学の発展によって合理的思考が広まっていくと、だんだん科学と宗教が離反していく。科学的な知識をもつということは、人間の能力が高まるということとリンクする。神から見捨てられて堕落する愚か者たちというよりも、神になりかわって坂道をどんどん駆け上がっていけるというトーンで世界観が構成されていきます。

ルネサンス期に「人文主義」という思想が芽生えますが、それは人間賛美の思想です。

人の作るもの、考えること、生み出すものは、人がよく学び、よい環境で仕事ができれば、いくらでも素晴らしくなりうる。先に見た田辺元の「懺悔道」とは正反対の自信に溢れた態度が、人文主義の基調です。神にすがるのではなく、自力に目覚める。「何にもできなくて、すみません」ではなく、「できすぎちゃって、困るの」というのがルネサンスの人文主義です。

ちなみに、人間が堕落しているという世界観を採っていると、どんなに物質的に繁栄したとしても、それは享楽という堕落の証明としてしか、受け取られないのかもしれません。そこを逆転させたのも、ルネサンスに芽生える「右肩上がり」という自信家の史観です。物質的繁栄、生産力の拡大を、人間の力の目に見える目覚ましい進歩として受け取る。人間中心主義の時代の幕開け。先に「啓蒙主義」の話でふれたことです。「啓蒙主義」は地球を、宇宙を、隅々まで人間の理性の光で照らしていく過程を推し進める運動であり態度ですから、これはもう「右肩上がり」です。

主役は神ではない

とにかく、人間の自力には無限の可能性があるという思想が普及するのが、すなわち近代でした。科学技術や経済だけではない。政治思想もそうなってゆく。

たとえばマキャベリ（一四六九〜一五二七）になると、「運命の女神」にさえ人間は対抗することができる、そういう力をもっているという発想が出てきます。

この世はどうとでも移り変わってゆく日々激動の世界だとマキャベリは考えますが、それは「運命の女神」にもてあそばれるのではなく、この世に参加する人間の実力によって、変えうる。人間はたくさんいますし、それぞれ目標が違いますから、人間同士で争わねばならず、そこで権謀術数のマキャベリズムも駆使されなくてはいけなくなるのですが、マキャベリになると、神から人間が主役の座を奪う勢いが、思想の歴史にハッキリと作用しだすのです。

そして人間中心主義の近代が、基本的には今も続いているでしょう。「不安」に満ちながらも、「右肩上がり」を信じ、「経済成長」を信じて、今日も働いている。それが近代であり、特に近代資本主義です。

資本主義は「右肩上がり」の史観がインプットされて出来ている。そうでないと起動しない。市場で競争して、資本を増やして、競争相手を打ち負かして、潰したり吸収したりして勝ち残るのが資本主義の原則であり、それで資本主義の歴史は続いてきたのだし、そうでなければどこかで終わっているのだから、これはつまり「右肩上がり」の信仰なのです。

妄執への警鐘

やはりこの史観こそが近現代の主役なのでしょう。それは人間に希望を与え、実際に人間社会を駆動させ、文明の発展に寄与してきましたが、必ず「右肩上がり」が続くはずだし、そうならなければならない、という「信仰」が、「温故知新」の眼を曇らせ、子泣き爺や「炭坑のカナリア」の警告を無視し、収奪や戦争を含む、つらく厳しく悲しい歴史を築いてきたのも事実でしょう。

「右肩上がり」はひとつの思想であり歴史的事実であり史観の大きなひとつですが、あくまでひとつであって全部ではない。歴史の見方や、人間世界の一部に応用される思想としては、もちろん当然の発想ですけれど、世界を覆い尽くす「原理」であってはなりません。しかし、「資本主義史」とは「右肩上がり原理主義史」なのです、資本の総量の右肩を上げるためには、乱暴も辞さない。

「温故知新」は「右肩上がり」への妄執からわれわれを解放するために役立つでしょう。「右肩上がり」をひとつの史観として相対化することに役立つでしょう。

そう、史観とは、あくまで相対的なものですが、ニュートラルに棲み分けているわけではありません。ぶつかりあって、こすれあって、お互い相手をやっつけようとしている。史観は生きている。「右肩上がり」には「末法」や「懺悔道」をどんどん投げつけるくらいで、ちょうどいいでしょう。

もろもろの史観の相互関係とは、諸政党の国会での議席数のようなものかもしれません。資本主義の世の万年与党である「右肩上がり党」には、「末法党」や「懺悔党」という野党を育ててぶつけないと、この先の世の中は、ますます安心しては過ごせないような気がしています。いやいや、史観の話にしては、ずいぶんと生々しくなってしまいました。

パターン③「興亡」史観――盛者は必ず滅ぶ、次の盛者も必ず滅ぶ

「交替」という発想

「右肩上がり」というと、生物進化論が思い浮かぶでしょう。アメーバから高等生物へ、猿から人間へ。進化のイメージは自然科学から与えられたものです。でも、人間の生き方の次元からも担保される。

仕事をしていて限界に突き当たる。時間が足りない。能力が足りない。コツコツやっていては間に合わない。自分が突然に高次元の存在に生まれ変われないかと空想する。つま

り、実体験よりも想像力の方で養われるのが進化願望でしょう。この場合、変身願望といった方が適切かもしれませんが。

猿から人へ進化したように、人から超人へ、神人へ、神へ、進化したい。「啓蒙主義」を超えてニーチェの「超人」に向かう思想の歴史です。そこには生物進化論が噛んでくる。

しかし、生物進化論は、「右肩上がり」を教えただけではないのです。「興亡」の史観を教えます。

『平家物語』的と申してもよい。驕れる者は滅びる。盛者必衰である。それを、人間の政治の歴史ではなく、生物の盛衰の歴史として、進化論は教えました。一本の幹が単線的に進化するのではない。進化の道は複数並行していて、地球上の主役は、ある時が来ると交替する。これは「右肩」の上がり下がりとは違います。「興亡」と「盛衰」と「交替」の歴史です。

絶滅に学ぶ

その描き方はどのようなものか。ダーウィンの進化論の日本への紹介者に、丘浅次郎という生物学者がいました。彼は文明論の名手でもあり、生物の歴史を人間史に類比させて、ものを言うのがうまかった。丘は明治維新の年に生まれ、一八九〇年代にドイツへ留学し、東京高等師範学校の教授として生物学を講じる傍ら、日露戦争勃発の年の一九〇四年には『進化論講話』を著してベストセラーとしました。

丘はそこで、生物が単純に発展してレベルを高めてめでたしめでたし、というような楽観的なストーリーはむろん描いていません。生物進化は適者生存、優勝劣敗の過酷な歴史なのですから。進化して勝ち組になる生き物の陰には、滅亡する無数の負け組がいる。勝ち組もいつまでも勝っているわけではない。

丘は恐竜滅亡の話が得意でした。最強の生物として全盛を誇った恐竜がなぜ滅んだのか。昔から論争があります。小惑星が衝突して地球規模の気温低下が起こったという説が現在は有力のようです。しかし、かつては恐竜の繁栄した理由の中に、絶滅の要因も孕まれていたという説がさかんに唱えられていました。丘もその立場です。

恐竜は他の生き物よりも身体能力を発達させた。図体を大きくし、筋肉も発達させ、機敏に運動し、敵を圧倒した。餌もたくさん捕れた。ところが、そうして勝者になった恐竜は、それゆえに生きづらくなった。大きく機敏な肉体を維持するために、常にたくさんの良質な栄養を必要とした。有利に生存するために身に付けた特性によって、生存し続ける条件のハードルが上がり、それが滅亡につながったというのが、丘の見立てでした。

このように独り勝ちする生き物には、それを可能にする条件があるけれど、その条件はマイナスにも作用し、プラスを極めると、ある日、地軸の逆転のようなことが起きて、マイナスがどっと吹き出し、滅ぶ。歴史とはそういうものだ。「興亡」の史観です。

人類滅亡のシナリオ

では、現代の地球の生物としての覇者、人間はどうでしょうか。丘は恐竜と変わらない運命が待ち受けていると予言しました。

丘は関東大震災の翌年に発表した「猿の群れから共和国まで」で、恐竜になぞらえたストーリーで、人類滅亡を物語ります。

話は猿から始まる。猿は単体では弱い。そこで群れをなす。各団体には必ず一匹の大将がいる。大将のもとで協力一致する。決して一身自己のためにわがままなふるまいをする者はない。もしそうする者があれば大将が半殺しにする。それで本能と訓練により協力一致が保たれる。今日猿の群れがこのようなものとして観察されるのは、よく協力一致した群れが生き残ってきたからで、生存競争・自然淘汰の結果であると、丘は説明します。

その猿の協力一致とは絶対服従と等しい。一匹の大将の命ずるままに協力一致するからだ。大将のもとで服従することで団体の行動が一致し、その結果、より不一致な団体に勝利し、団体にとっての利益が得られるので、それに味をしめて、猿たちはますます大将に絶対服従するようになる。猿の進化は絶対服従の強化される歴史なのだ。

丘は続けます。大将にはもちろん、牙が最も鋭く、腕っぷしが最も強く、最も経験に富み、最も戦術のたくみな者が選ばれる。経験に富んだ者が選ばれることは当たり前だがとても重要。丘は強調します。

蟻や蜂には分業はあるけれど、それは本能に基づくもので、誰かが誰かを導くことはない。経験が蓄積されて発展することがない。ずっと繰り返しである。それに対して、哺乳類は、知恵があることによって、経験貧弱から経験豊富まで軽重を生じ、その能力は絶えず変わる。よって、決まり切った分業では効率が上がらない。常に能力本位で大将が選ばれ、適切に統率しなくては、生存競争を生き残れない。

このような猿の群れの研究から窺えることが、猿の仲間である人間にもかなり当てはまる。丘はそう考えます。人類も猿の大将に相当する長《おさ》を、始まりのころから持ったに違いない。現代でも、たとえば漁業場で親方の指揮のもと一糸《いっし》乱れず漁をやる。そうしなくては、漁にならない。猿の群れの「協力一致＝絶対服従」の構図は人間生活のさまざまな局面に転写されている。

集団の拡大

しかし、ひとりの長がすべてを管理統率する体制では規模に限界がある。猿の群れ程度から、個体数を増やせない。ここに人類の猿と違う特性が発揮されだしたと、丘は言います。猿と違ってくるのは道具と言語の使用である。言語が発達すると、長は、個々を直接指導せずとも、指導したいことを誰かに代行させたり、個々に記憶させたりできる。また、道具の使用は通信や運搬を容易にし、大人数を動かしやすくする。

ここに集団の人数を増やす条件が整うでしょう。そうなれば、同レベルの人間同士なら、数の多い方が勝つのが道理。そういう集団が生き残るようになる。長は部下を増やすことで王へと出世する。

こうして、人類の次の段階を迎えます。規模が拡大する。王は必ずしも全員の様子を知れなくなる。規模が大きくなったから。途中に部下が入る。下々が直接知るのは、部下だけになる。下々は王とは身近に接しない。部下は、王の命令として、下々に物事を伝えれば、たとえそれが実は部下個人の判断に基づくものだとしても、すべてうまくゆく。なぜなら人類は猿の時代から培《つちか》った絶対服従の精神に従って行動しているからです。しかも、部下にはもうじゅうぶんに知恵がついている。そして部下も下々も、上への絶対服従の精神を容易に忘れることはない。

そうなると、王は必ずしも猿の大将のように万端にわたる最上位の能力を保持していなくともうまくゆくようになると、丘は述べます。構成人員が増え、したがって上下の階梯《かいてい》の段数も増えて行く組織ほど、勝ち残ることになると、「王－部下－下々」の基本三段階は、段数拡大の競争を始めることになります。王の部下の部下に、また部下がいて、そのまた部下もいる。そういう具合になる。

そして、その積み上がる部下が、それぞれに、それなりに、仕事を果たせる有能さえ保持しているとすれば、上は実際にはすることがなくなってくる。能力主義でいちいち抜擢《ばってき》せずとも、世襲でもつとまるようになる。世襲の王と世襲の貴族が生まれる。しかもそこに、なおも絶対服従と協力一致の精神が生きていれば、なんの軋轢《あつれき》も生じないから、理想的団体生活が実現する。

繁栄が繁栄の条件を壊す

しかし、と丘はここで話をひっくり返しだします。その理想の王国は長続きしないのだ。なぜなら、人間集団の生存競争の中で、最後まで勝ち残ってくる団体は、過酷な生存競争から解放されていくということだから、それに耐えるための要件としての協力一致と絶対服従の精神は不要になって衰えてくる。そうなれば、階級が崩れる。王や貴族の存在が疑問視され、不要とされる。革命が起きる。そこに生まれるのが共和国です。

丘によると、共和国は、生物進化論（いや、むしろここでは退化論）でみると、協力一致と絶対服従の精神の退化によって起こるものなので、そこで進化するのは不協力と不服従と個人主義になる。共和国段階に達した人類の団体生活は、そのあと、どうなるでしょうか。どんどん崩壊して、四分五裂していくと、丘は考えます。

繁栄することで繁栄の条件が壊れる。盛者は必衰する。そのとき、代わりが現れる。丘の地球生物史です。手塚治虫のマンガ『鳥人大系』なら、人の次は鳥になり、その次はゴキブリというストーリーですし、フランスの小説をアメリカで映画にした『猿の惑星』なら、人の次が猿になります。実際、どうなるかはともかく、この種の史観が育てるのは、無限の発展とも、無限の衰退とも違う、淡々とした交替なのです。

交替は、われわれの実人生の中でもいくらでも経験し、「温故」の際に実感を持って見つけだせることでもありましょう。交替へのまなざしは、「温故知新」にとても必要だと思います。恐竜や猿や人間のスケールばかりが交替ではないのです。あらゆるスパンで交替を考えられればよいのです。そして交替の意味を問うのです。

パターン④「勢い」史観――今いちばん強いのは誰か

日本人にはなじみやすい

家族の中の親兄弟との暮らし。保育園や幼稚園や小学校。このくらいまでで、人間個々の実体験としても想像力としてもじゅうぶんに完成するもの。それは力関係についての感覚ではないでしょうか。丘浅次郎の猿や人間の群れる話と重なります。丘は群れのボスの交替の意味を強調しましたが、強い力を持っている者とは、やはり不動永遠の存在ではない。クラスのリーダーがずっとカリスマを保つことはなかなかない。人気はうつろう。力関係は変わる。そこでクローズ・アップされる言葉は、「勢い」です。

この「勢い」を歴史に投影すれば、歴史の無限の流動は「勢い」の流動と言い換えることもできる。歴史を動かしているのは人でも物でもない。動かしているものは、実体よりも、動きであり、力です。押す力やひきつける力。それを日本語では「いきおい」といい、漢字では「勢」という。パワー・ポリティクスというときのパワーは「勢い」でしょう。

戦後日本を代表する政治学者、丸山眞男は、「歴史意識の『古層』」という論文で、日本人は歴史を「つぎつぎになりゆくいきほひ」によってとらえる根強い傾向を有しているのではないかと指摘しました。日本人によくなじむ「史観」と言い換えてもよいでしょう。

　個々が具体的にこうしたいとはっきり述べて、議論したり喧嘩したりというのは日本人には不得意だし、そういう日本人が作ってきた歴史も、筋を通そうと戦う歴史ではなく、「勢い」に身を任せようとする歴史であるというわけです。「長いものには巻かれろ」というのにも似ています。

「今の自民党では誰に勢いがある」とか、「国際関係の中で中国に勢いがある」とか、そういう話がありとあらゆる国や地域や時代の中で常にどのレベルにおいてもあり、しかも日々刻々と変わっている。日本史の場合は特にその「勢い」で見てゆくと分かってしまう。そういう歴史観です。

価値では動かない日本人

　たとえば、キリスト教でも儒教でも、具体的な倫理道徳を課する宗教なりなんなりが国家や社会の背骨をなすところの歴史なら、勢いのあるなしに関係なく、筋が通っているかいないかで考えようとする人々の力も強く働くでしょうし、歴史もそういう目で見るとよく分かることも多いでしょう。

「俺に勢いがあるのだから、言うことを聞け」と圧力をかけられても、「何々を信じて内面の道徳律として奉じておりまして、御意向とは両立不能なので、言うことは聞けません」と答える強さが出てくる。そんな人々が多くなる。もちろん、それが宗教弾圧等を引き起こし、拒否した人々が過酷な目に遭わされるということも出てまいります。

いずれにせよ、勢い優先で考えても、通らない歴史的事実がたくさん出てくる。そうすると「勢い」史観で見るのにも程度的限界があるという話になるかもしれません。

しかし、日本の場合だと、「勢い」という観念が倫理道徳まで飲み込んでしまうことがある。丸山眞男がそこで例として持ち出すのは『日本書紀』の雄略天皇のくだりです。雄略天皇の悪逆非道が記された後、途中のフォローが何もないまま、いきなり雄略天皇は「有徳」であるという表現につながる。

この徳が儒教的な徳だとしたら、悪逆非道が徳であるはずはない。徳がないから悪逆なので、悪が勝ったとしても、道義的に悪であれば、決して有徳ではありえないし、勢いがなくて負けてしまっても、正しく筋が通っていれば有徳であることに変わりない。勝ち負けは勢いで決まるかもしれないが、徳の有無は別次元である。当たり前です。

しかるに『日本書紀』の雄略天皇のくだりでは、そうなっていない。徳の意味が日本では違う。違っていた。そう解釈するしかないだろう。丸山眞男の見解です。

つまり、古代日本人の考える徳は、倫理道徳の徳ではなかった。そういう意味での徳がよく分からなかった。勢いのある者に自ずと徳は備わるというか、勢いのある者がやることは悪逆非道でも徳があるとの解釈が、古代日本のスタンダードだったのではないか。これが丸山説でしょう。

勝った者には皆が従う。徳は勝ち負けに付いてくるものだという。従わせることに成功した者は徳があると評価される。そうした思考回路が機能していないと、「悪逆非道だから徳が高い」という日本語は成立しません。『日本書紀』にはその成立しない文章が堂々と書いてあるのだから、古代日本人の思考では、徳は勢いから独立していないことになります。

「たとえ筋の通らないものでも、それが長いものであるなら、とりあえず巻かれておきなさい」というのは、普通は処世術であって道徳律ではないでしょう。悪逆非道の「長いもの」に巻かれては、自分も地に堕ちる。だからいやだ。それこそ筋の通った考え方でしょう。

ところが、日本人の歴史感覚にはそこを詰めない部分がある。価値で動くのではない。そんなことをして角が立つのはつらい。とりあえず「勢い」の有無だけを、自分についても相手についても考えればよい。「勢い」がすべてに優越する。現象に価値が従属する。

そういう目で歴史を見れば、筋の通っていないことに怒るということが少なくなるでしょう。諦めに満ちた歴史になってしまうかもしれない。「温故」が義憤を生まない。あのときはああだったのだから仕方ないよ。そんな「温故」で「知新」すると、過去も未来も「なりゆき全肯定」になってしまう。よくありません。でも、日本人の歴史と行動に、「勢い」のある方に乗ろうという、ほとんど動物的感覚がとてもよく機能しているらしいことは、心せねばなりません。

簡単で、楽

こうした感覚は、長いスパンで「右肩上がり」か「右肩下がり」かなんてこととも、ほとんど関係ありません。ひどいものだろうが素晴らしいものだろうが、世の中が良くなろうが悪くなろうが、「勢い」が今どこにいちばんあるか、その移り変わりがすなわち歴史であるということに尽きてきます。「誰が正しいか」ではない。「今、誰が強いんですか」。これです。

ひどい！　そう思われるかもしれない。でもこれはやはり、今の社会にはびこっている歴史観であり価値観です。世の中の多くの人はそれで動いているのではないですか。

卑近な例で言えば、どの本を読もうかというとき、「私はこの内容が好きだから、人が読んでいようが読んでいまいがこの本を読みます」という人は実は少ない。ベストセラーをいつも気にしている。「この本は多くの人が読んでるから」とか、「みなが話題にしてるから」とか、「読まないかもしれないけど買っておこう」とか、「知っているふりをしよう」とか。そういうふうにして本を選ぶ。

本だけの話ではない。映画だってテレビだって音楽だって、政治や経済の話題だって、そうでしょう。「総理大臣のしていることは、私の判断に基づけば民主主義の破壊です」と青筋を立てるよりも、「とりあえず、破綻していないし、支持している人もいるから、まあ、よいと思います」と言っているほうが簡単だし、楽だし、刹那的なスパンに限って言えば、安全です。

歴史を見渡し、現在にフィードバックさせる。そのとき、どんな「史観」で見るか。上昇型か下降型か、こう見れば上がっているけれど、こう見れば下がっているではないかと吟味に吟味を重ねて、最適な知恵を導き出せれば、もちろんいちばんいい。でもたいへんだ。解けない連立方程式に四苦八苦しているくらいなら、猿の群れの中の一匹の猿として「勢いのある者」についていったほうが間違いが少ない。「勢い」史観は、いちばん原初的な歴史観なのかもしれません。猿でも分かる歴史観です。

パターン⑤「断絶」史観――あるところで全部が変わる

人生の中の決定的瞬間というものがございますでしょう。人生いろいろ、毎日いろいろ、かもしれないけれど、やはりあの日を境にして不幸になったとか、幸せになったとか、その前後では全然違うとか。その感覚を歴史に投影して、人は歴史にさまざまな節目を作る。断裂面を作り出す。

「8・15」、「3・11」、アウシュヴィッツ、広島、長崎。決定的な瞬間に、歴史のパラダイムが変わる。「人類史を変えた10の出来事」といった本や雑誌の特集はみんな大好きでしょう。

あるいは、ナポレオンが現れたとか、ヒトラーが現れたとか、レーニンが現れたとか。時の英雄が現れて時代がドラスティックに動き出す。ひとりの人物の天才的直観によって、普通だったら考えられないようなかたちで歴史が動く。そのような見方は天才主義的な歴史観と言ってもよいかもしれません。

歴史上の瞬間的な局面を浮き上がらせて、切れ目を入れる。それはある意味で恣意的な切れ目かもしれませんが、それによって、ずっと上がっているとか、ずっと下がっているとか、勢いが流動しているだけだとか、フラットな水準での主役の交替史があるだけだとか、迫力のない歴史の見え方を一新してしまえる魅惑はあります。

周囲がユダヤ教の戒律を守っていたときに、「戒律は守らなくてもいい」とわけの分からないことを言い出した、異端のユダヤ教徒が、異端ゆえに死刑になった。弟子らしい弟子も一二人しかいなかった。しかもひとりは裏切る。はっきり言って同時代的にはその程度の人だった。ところが、しばらくすると、ローマ帝国が彼の教えに改宗した。世界宗教となっていった。その人の誕生したとされた年を元年とした紀元を、日本人ももう長いこと使っている。もちろんキリストの話ですが。驚くべきことです。やはりたいへんな歴史の切れ目を作った人です。

千年に何度もないくらいの歴史的な瞬間。われわれもやはりそれを待望しているのです。そこから新しい歴史を語りたくてうずうずしているところがある。待望するだけではなく、断絶を自ら作ろうとする人や組織もあとを絶たない。オウム真理教が志向した「ハルマゲドン」はその一例でしょう。

大破局、大波乱、大革命、大転換……。そうした歴史の切れ目に惹かれる。それはなぜなのか。人に生まれる瞬間と死ぬ瞬間があるからでしょう。それを投影しているのです。だから強烈なのです。

終章

教養としての「温故知新」

危機の時代に何ができるか

田辺元という哲学者がいました。一八八五年に生まれ、一九六二年に亡くなりました。西田幾多郎を中心として、京都帝国大学に集った哲学者や美学者や歴史家のグループ、いわゆる「京都学派」に属する大物であり、そんな立ち位置を抜きにしても、近代日本の大思想家のひとりに違いありません。

「京都学派」のキイワードの大きなひとつは「無」です。「無」とは、何もないという意味での「虚無」ではなく、確実な頼るべきもの、時間と空間を超えた具体的真理、正答は何もないという意味での「無」でしょう。

田辺もまた、正答が容易に手に入る時代は過ぎ去った、と感じていました。仏教で言うところの末法の時代こそ現代。正しい教えは霞みて見えず。複雑怪奇の穴へとどんどん落ちて行く一方の当世において、われわれはもはや確実な正解を見いだす術を持てなくなった。人間は大きな限界に突き当たっている。しかし、よりよい答えくらいはまだ見つけられるだろう。日々修正して、正解から大きく外れない程度に世の成り行きを認識できるくらいの力すら、もはやないというわけではない。田辺の壮年期の世界認識というものでしょう。

そういう田辺が日本の思想と学問の頂きのところでさかんに活躍した時代は、彼の世代の宿命と言いますか、一九二九年の世界大恐慌から本格化する「危機の時代」と重なっていました。田辺は、人間の理性で、おのれの哲学で、「危機の時代」をそれなりに導いていけるのではないかと、力強く行動しました。

少なくともその時代の田辺は、反戦平和主義者ではありませんでした。だから、戦争に突き進む大日本帝国の態度を、それなりに肯定する。しかし、歴史の現実をありのままに認めようとはしない。思想の力でより正しい方向へと日々直していかなければならない。そのくらいの力は、いくら不安と危機の時代だとしても残っているのではないか。

田辺は日本の神話から「修理固成」という言葉を持ってきました。理性に基づく日々の修正の努力によって、裂け目やほつれを繕《つくろ》ってゆけば、日本も世界も脱線転覆まで外れぬ程度には固めてゆけるだろう。田辺にはそのくらいの自信はあったのです。

そう信ずる田辺は、日々の歴史に、おのれの理性で働きかけようとしました。修繕係のつもりでしょう。文章を書き、社会や学界に対して発言し、大学教育に邁進《まいしん》した。けれど、結果は出なかった。日本は崩壊していった。田辺が導けると思った少しはマシな日本すら立ち現れてこない。ついには脱線転覆してしまいました。敗戦のことです。

田辺は、日本、世界、歴史、現実に対する、おのれの無力をひしひしと感じました。その絶望の中から、人間にとっての歴史や自由の意味について、改めて思索を積み上げ直しました。田辺にとって敗戦と国家の滅亡が避けがたいものと思われ始めていた戦争末期には、田辺は、おのれの哲学の真ん中に「懺悔」という言葉を据えるようになります。そうして書き上げられ、敗戦後すぐに世に問われた田辺の新たな主著が前章でも少し触れた『懺悔道としての哲学』です。

人間の理性に絶望する

そこで田辺は、シェリングにキルケゴールにニーチェにハイデッガーにパスカルに親鸞、古今東西の思想を次々と俎上《そじょう》にのせながら、この時代の非力なわれわれがダメなやつなりに生き延びてゆく道を探し求めます。その中には、カントを批評し、昨日までのおのれ自身を自己批判しながら、歴史と自由の問題について論じているくだりもあります。

田辺は考えます。カントは、歴史の具体的経験を経ずとも人間には客観的かつ超越的に物事を判断する能力が備わっていて、それが自然法思想とも、自明なことであるかのように結びつけられている。自然法とは、誰かが一所懸命に工夫して成文化しなくても、まさに先験的に、ありのままの真っさらでナチュラルな人間みんなに、共有される価値であり原則であり法のことを言うのです。

具体的経験を抜きにした次元で、人間は本当にそんな理性を持っているのか。啓蒙主義的立場の当然の前提かもしれないけれど、その当然と思ったことが人間の驕りにつながり、世界を狂わせていったのではないか。

田辺はカントに対してネガティヴです。人間は神ではない。証明もなしに、人間が現世の束縛を超えた次元で世界を明察しうる理性を有するなどと前提することは、単なる主観的な信仰の域を出ないのではないか。そこでカントは自分の立場の正当性を証明しなくてはいけなくなるだろう。証明手段は実験しかないだろう。この世に働きかけられる力としての理性の存在証明は、やはりこの世の土俵でなされなければならない。カントは先験的な次元での理性の働きを、先験的な理性の働きについての実験で証明しなければいけなくなるだろう。

田辺はそこが無理筋と言います。実験するとは、経験的な事柄で、この世のことです。実験という話が出てくる段階で、それはもはや先験的な事柄ではなくなる。この世での理性の働きをいくら上手に説明したところで、その一次元上のこの世を超えた理性の証明は、神の存在証明同様に困難である。この世の理性の働きから、この世ならぬ理性の働きを類推しようとしても、この世での実験には誤差がつきものだ。偶然性の作用も絡《から》んでくる。もはや、時間と空間、物質とエネルギーから、現代物理学が相対性のもとに把握する時代になったというのに。理性が確固としてあるのだなどという発想にこだわるなんて、どうかしている。

ここにカント的立場は行き詰まらざるをえないし、この時代にもはや無効であろうと、田辺は考えます。この世に生きる人間を、神の代用品として設定しようとするのには、限界がある。人間が経験や歴史を超越することはありえない。人間の理性は、啓蒙主義者の理想通りには、決して機能しない。歴史的現実を超越した高みから、理性の光で世界の隅々まで照らすというのは、残念ながら妄想の域を出ないというわけです。

歴史から自由にはなれない

田辺によれば、人間は、時間的、空間的に、存在を拘束されていて、そこからは逃れられず、認識も判断も時間と空間、生きる場所と時代に縛られています。自由ではない。

カントがどう論理を構築してみても、理性の働きは局限されます。自由に突き抜けられない。人間の認識も判断も客観性を持つことはついにない。人間の認識も判断も歴史から作られる。人間は歴史に育てられ、歴史に養われ、歴史とともに生きる。ということは歴史の中で実践し、その実践の手応えから得られ、日々の実践によって無限に更新される認識力と判断力に従って、過去の歴史を評価し、その続きの現在と未来を生き抜きたいと願う。田辺の『懺悔道としての哲学』は人間をそのように解するでしょう。

ということは、田辺の意見では、人間は歴史から自由にはなりえないのです。かといって、田辺は人間が歴史に対してまるで受動的であるとも考えていないのです。人間は歴史の中で生きているのですから。

田辺の言う歴史に対する人間の実践とは、政治家や軍人や財界人、あるいは天災や英雄の歴史への参与のことを指しているのではありません。凡夫愚人だろうが、誰であろうが、生きてこの世にある限り、歴史の中で何かを実践している。コミットメントしている。たとえば寝たきりの老人だって、寝ることを実践し、家族や社会や国家にどれだけ自分の面倒をみるかみないかという問いかけを放っているのですから、まったくもって歴史の実践者なのです。赤ちゃんだって同じだ。育てるのか、育てないのか、育てるのならどう育てるのか。生存が問いであり、育てられるべき者として、どんな赤ちゃんも歴史に参加しているのだ。

その意味で、わたくしどもの誰しもが、歴史で何かを実践している。その意味で主体的なのです。とはいえ、その主体は、カント的な、神になりかわれる叡智を有する主体ではない。歴史に拘束されている。歴史の完全な客体ではないのだが、つまり歴史に完全にどうとでもされてしまうだけの代物ではないのだが、かといって歴史をどうとでもできるものでもない。歴史にすべてを決定される存在ではないが、歴史を決定できる存在でもない。

無力で間違いだらけの、半分客体、半分主体みたいなものである。歴史に作られながら、歴史の中で生き、歴史に参与し、その歴史の現時点での果てであるところの現在から、歴史を認識し、判断し、間違え、その日々の営みがまた歴史を作る材料になってゆく。そういう歴史に作られ、歴史を作る者であるところのわたくしという、際限のない循環があると、田辺は考えるのです。

そして、今、まったく無力とは言えないけれど、ほとんど無力ではあるだろう人間が、歴史を認識し、判断するとき、間違えると、つい書きましたけれども、その間違えるという表現は厳密に言えば間違いです。歴史には正解がないというのが田辺の立場なので、正解のないところに間違いがあるはずもない。あるのは、もっとうまくゆかせたかったのに、そうできなくて、悔いが残り、自分はつくづくダメな奴だと思って、おのれに絶望し、自分は何もできないと諦めて自己を放棄する、そういうわたくしのみ。というのが、田辺のたどり着いた結論でした。

だからといって不自由なのか

いろいろやってみたけれど、何ともならなかった。多くの日本人が死に、国家は崩壊した。それが歴史的現実だ。修理するくらいはできると思ったが、それすらできなかった。

修理くらいはできると思うことも、驕りだった。生意気だった。あやまります。すみません。そんな歴史的経験をした日本人は、その経験に基づいて、歴史を認識し、判断し、歴史を活かして、これからを生きねばなりません。それ即ち懺悔の道です。

そう、懺悔道としての哲学は、哲学なので、懺悔をしたままそこでおしまいということはない。絶望しても、なおも生きているなら、やはり生きるために考えなくてはいけない。あれだけやったのにうまく行かなかったというメッセージを、覆いかぶさって発し続ける歴史の重み、「子泣き爺」の重みに耐えながら、生きていく。もはや、主体的に世の中を切り開き、こうすればこうなるから大丈夫という強い自信を抱くことはできない。抱けた時代は過去のものとなった。歴史の遠くになった。取り戻しようはない。その意味での末法の世をわれわれは生きている。田辺の歴史観でしょう。

でも末法の世はおしまいの世ではない。仏教でも末法は長く続いてゆくことになっている。末法でもわれわれは生きて、そこに末法なりの歴史をわれわれは積む。生き続ける。無力なりに参与し実践し続ける。そうして生きる道は懺悔道であり、懺悔しながら生きるのが、カント的に人間はやれますよと驕るよりも、よりよく、ひどいことになりにくい生き方を、われわれに提供する。田辺はそう信じるから、懺悔道は哲学になるのです。

するると、そこに人間の自由はあるのでしょうか。無力だから不自由なのでしょうか。人間は歴史に束縛されて、そこから逃れられないから、やはり不自由なのでしょうか。その意味では不自由には違いない。カントのように、歴史を超越した理性による神の眼で、歴史を俯瞰《ふかん》して、歴史を奴隷にする自由は持っていない。そういう自由を持てると信じた理性礼賛主義は、単なる過信であった。

田辺はそれでも自由があると考える。人間の理性を信じられなくなった時代の哲学は、その先に歴史的現実と人間の自由をいかに両立させるかという道を探る話にたいていはなります。まともな哲学ならば。自由を否定されると、人間が生きていくうえで、やはりとても困りますので。

田辺はそこをどう解決しようとするか。確かに人間は歴史に拘束される。しかし、田辺の考える歴史は運命ではない。宿命でもない。予定説でもない。必ずそうなるということはない。偶然性こそが歴史の要諦だと田辺は言います。

すべては偶然、だから自由

歴史的事実は演繹不可能性に立脚するから歴史になる。反復性や法則性があるのなら、歴史は暦になり、予定表になり、完全に管理することが可能になる。それはもはや歴史ではない。暦や予定表や計画表や予言は歴史とは言わない。偶然だから歴史なのです。

偶然とはあらざるものを得ることです。理性によって確実に、そうなる・そうならないを判断するところを超える、想定外の積み重ねが過去にもあるし、未来もその点では同じであると信じられるから、われわれはわざわざ歴史という言葉を持たねばならないのです。となりますと、歴史的現実はすべて偶然ということになる。ただいま、こういうことを書いているわたくしが、隕石に当たってあの世に行かないで書き続けているのも偶然なら、もしもこの直後に隕石が当たって絶筆になったとしても、みんな偶然である。

要するに必然というものはこの世に何もない。われわれは偶然としての現実を生きている。われわれは投げ出されたものとして存在する。投げ出されていないものというのは、何か袋とか箱とかに入っているもので、守られているものでしょう。予定や計画や必然に守られているものは投げ出されているとはいわない。保護されているものであり、何かにはまっているものである。われわれはそう思いたいものなのです。よいことは神さま仏さまのおかげで、悪いことは悪魔の仕業だ。何かがはめてくれているからよいことも悪いこともある。そう思いたい。ひとつの古風な信仰です。

でも、やはりそうではない。投げ出されているだけ。これが実存主義というやつです。必然的理由もないのに、実際に存在してしまっている、このどうにも頼りない困ったやつ。これが実存でしょう。存在しなくてもよいのだけれど、いるのだからいるうちはなんとかしないといけない。たまたまわたくしは生まれてしまっている。存在してきた過去も偶然である。偶然性がなければ、歴史はない。法則に律せられれば偶然性はない。必然性や法則性に取って代わられる。もしも法則が律するなら、歴史事象の個々の固有性はなくなる。歴史はそこで消滅します。

だが、今日も歴史はある。歳月は日々に新たなり。偶然だから新たなり。偶然のおかげで存在するわれわれは、存在としては投げ出されたものにすぎないのですが、投げ出されているということは誰にも束縛されていないから投げ出されていることになる。

話が転倒するのです。われわれは歴史に束縛されている。歴史の歴史たる所以は偶然性にある。偶然とは確実性や予定性や法則性がないから偶然である。われわれが歴史に束縛されているということは、偶然に束縛されているということ。偶然の奴隷であるということは、つまり自由なのです。偶然は何ものをも拘束できない。何ものの運命も決定できない。したがって、偶然に支配されたわれわれは、自由に投げ捨てられて存在しているがゆえに、自由に投げることもできる。

投げた後は分からない。偶然の結果に委ねるしかない。でも、われわれは投げることはできる。このあたりを田辺は実存主義の術語で説明します。われわれは歴史という偶然の中で「被投」、つまり投げ捨てられた存在である。誰にも支配されずに放置されている。

ゆえに誰にも支配されず実践する自由を有する。「投企」です。プロジェクションです。

湯浅譲二という日本の作曲家は、曲名に『弦楽四重奏のためのプロジェクション』とか、何でもプロジェクションと付けたがっていた時期があって、それはもちろん実存主義哲学の影響なのですが、要するに、投げ捨てられた自由な存在として、自由に勝手に投げるという行為が、現代の芸術創作の実践だと思うから、みんな「プロジェクション」になってしまうのです。

歴史の知恵に従って、賽を振る

歴史は偶然である。偶然は束縛ができない。ゆえに、歴史に束縛されているということは、自由だということだ。われわれは歴史内存在である限り、自由である。自由に「投企」できるという意味で自由である。でも、それは、結果を見通せない、頼りないかたちでの、偶然性に身を任せた、骰子《さいころ》の無限投擲《とうてき》のような話にすぎない。神の眼を持てぬこと、理性に確実性を見いだしえないということは、いつだって賽《さい》の目勝負ということである。ふるまいの結果は予想されえないのだから。日々怖い。懺悔しながらやってみては絶望する。田辺の考える懺悔道の世界です。

とはいえ、繰り返しになりますが、われわれは骰子を振るときに、ゼロ地点で振るということはない。なぜなら、われわれは歴史内存在であり、歴史に作られた存在なので、歴史なくして精神も身体もない。ということは、この今という時間に骰子を振るのは、歴史なのかもしれない。それが言いすぎだとすれば、歴史から学んで今あるひとりのわたくしが、歴史を認識し判断したうえで、歴史の知恵に従って、賭けるのです。イチかバチか。賽を振る。

骰子の一擲。しかもその骰子の目は一から六まででは済みません。もっともっとたくさんある。その意味で、歴史は一種の賽の河原でありましょう。骰子の河原なのです。

昔、誰かが投げた石。そこらにたくさん落ちている。それを拾ってまた投げる。「温故」するとは、過去を掘り下げることですが、田辺元の表現に従えば、過去に振られた骰子の、そのとき出なかった目を探るのが、歴史を学び、掘り下げることの意味でしょう。

歴史の中の可能性を復興させることが、歴史を認識すること。「温故」とは、出た賽の目と出なかった賽の目を考え尽くすこと。「知新」とは、また外すかもしれない賽の目に賭けてみること。過去の歴史の可能性を酌んで、今の欲する賽の目を占い、未来の歴史の革新に賭けるのが「温故知新」。また「しくじりました」と心の内なる神仏に懺悔するのが田辺の言う「懺悔道」。

その場合、歴史を教養とするということは、骰子を刹那的に、あるいは田辺の否定するカント的理性に頼って振るのではなく、「温故」して、過去に出た賽の目と出なかった賽の目、出たかもしれない賽の目に思いをはせながら振るということでしょう。

もちろん、どんなつもりで賽を振っても、結局は賽の河原をさまようほかはないのです。でも、歴史に学んで、それを「他山の石」ならぬ「自山の石」として、振ってみるほうが、そうしないよりは少しはましではないか。それが「温故知新主義者」の言い分です。

「自山の石」と言いましたのは、われわれは歴史的に形成された者なのですから、歴史は他人事であるはずがないという意味においてです。歴史は「自分事」です。

あとがき

昔々のお話、私の少年時代の昔の話でございます。どのくらい昔かと言うと、河出文庫も文春文庫も中公文庫もまだ創刊されていなかった時代の頃です。正確に申せば、河出文庫は昭和二〇年代からしばらく出ておりましたが、その頃は絶えたままでした。

私は当時、東京都杉並区の阿佐谷に住んでいて、当時の国鉄の阿佐ケ谷駅の高架の下にある、それなりに大きな文公堂書店に通い詰めていました。入り口の右手から入ると、手前の右側の書棚が児童書で、その奥が歴史書やノンフィクション。手前の左側の書棚は雑誌で、その奥が文芸書。その先を左に曲がると文庫の書棚になります。

裏表が全部文庫。片面は、岩波文庫と講談社文庫と新潮文庫。もう片面は、現代教養文庫と大月文庫と青木文庫と旺文社文庫と角川文庫と春陽堂文庫。手前から奥に向かって、そう並んでいました。創元推理文庫とハヤカワ文庫はまた別の書棚です。

私は文庫マニアでしたから、生意気な話、文庫棚に並ぶ書名だけは、だいたい覚えていました。実際に買って読むもの、いつも手に取って読もうかどうか考えるもの、縁がないと思って敬遠するものなどなど、距離感はいろいろでしたが、その中で、とても気になりながら、結局、何の小説だか、いつまでも分からなかったものとして、トーマス・マンの『魔の山』がありました。最初は恐怖小説か推理小説かとも思ったのです。私の大好きなテレビドラマ『ウルトラセブン』の第一一話に、敵役としてワイルド星人が登場する「魔の山へとべ」という回がありましたので、題名に親しみを持ったということもありました。目に付いていたのは新潮文庫版です。

でも、さすがにトーマス・マンがドイツの大文学者ということはすぐ分かってきますので、子供の期待する小説ではなさそうだとは見当がつきました。では『魔の山』とは何なのか。カヴァーの背に印刷された紹介文を読むと、それは「教養小説の名作」だという。教養小説? 小学生には意味がさっぱりでした。当時の私が「教養」という言葉に抱いていたのは、現代教養文庫のイメージから教えられていた「教養」です。現代教養文庫は社会思想社という出版社が出していて、私はその文庫のカタログがすなわち「教養書の世界」だと、どうやら信じていたようです。中でも座右の書にしていたのは、産経新聞の連載記事を文庫化した『東京風土図』。それは東京についての雑学の本という認識でした。それから『教養人の手帖』や『社会人の手帖』もあって、たとえば後者には社会学者の加藤秀俊が「教養の経済学」という項目を執筆している。そこにはこうあります。

「教養の経済学とは、ひとことでいえば、有用な知識を、できるだけ少ない時間と費用によって獲得する技術である。ウラがえしにいえば、無用の知識をできるだけ多く捨てることである」

なかなかプラグマティックでしょう。『社会人の手帖』の初版は、私の生まれた年でもある一九六三年なのですが、そう、確かに私の少年時代に「教養」と言われたら、プラグマティックなイメージが先に立っていました。教養のある人とは、社交していて、しゃべっていて、話題に事欠かない人のことをよく指していたと思いますし、今でもそうなのかもしれません。「教養がある」とは「知識情報を集積している」と同義であって、しかもそこには加藤秀俊の言うように「有用性」が絡んでいる。どうでもいいことをたくさん知っていても、「教養がある」とは言われない。マニアックとか、一九九〇年代からだと「オタク的」とか、言われてしまう。

とにかく「教養」というのはそういうものだ。とすれば、「教養小説」とは「雑学小説」や「情報小説」なのか。

ところが『魔の山』は違うではありませんか。ここで言う「教養」とはドイツ語のビルドゥングだという。ビルディングである、だんだん建っていって、ついにはそびえ立つ。

人間の図体や知識量の話ではなく、内面的に人格豊かに成長するのが教養だという。人間が教えられ養われ、漢字の字義通りに大人になる、大きな人格になることだという。

現代教養文庫と教養小説はずいぶん違うんだなあ。現代教養文庫と新潮文庫版の『魔の山』は、置かれているところが、文公堂書店の文庫棚では面が違っていましたから、同じ教養でも、そのくらい意味も違えば、距離も遠いのだと、身に染みた。昔話でございました。

それからずいぶん経って、年老いてまいりまして、改めて思うことは、実は現代教養文庫と教養小説、有用な知識を集めることと人間が内面的に成長することは、表裏一体であって、距離は遠くないのではないか、水と油ではないのではないか、ということです。

するど、現代教養文庫的なものと教養小説的なものとのフックになるのは歴史ではないだろうか。そうした漠然とした思いを、はなはだつたないものではありますが、とりあえずかたちにできないかと試みましたのが、本書というわけでございます。

アイデアを練るために、本の構成を考えるために、膨大な時間、つきあっていただいた、河出書房新社の藤﨑寛之さんに深い感謝を捧げます。

歴史は生きる力だ！　生き抜くための栄養だ！　基盤だ！　それぬきではひどい目に遭って斃《たお》れ易くなってしまうぞ！　気を付けろ、歴史知らずと夜の道。そんなことを書ければと、「温故知新」だの「教養」だの持ち出してまいりました。
至らぬものではございますが、もしもせめて、夜の道の暗めの提灯くらいに役に立つところが、どこかひとくだりでもあればと、願い居る次第にございます。

片山杜秀

二〇一八年一二月

河出新書 003

歴《れき》史《し》という教《きょう》養《よう》

二〇一九年一月二〇日　初版印刷
二〇一九年一月三〇日　初版発行

著者　片《かた》山《やま》杜《もり》秀《ひで》
発行者　小野寺優
発行所　株式会社河出書房新社
〒一五一－〇〇五一　東京都渋谷区千駄ヶ谷二－三二－二
電話　〇三－三四〇四－一二〇一［営業］／〇三－三四〇四－八六一一［編集］
http://www.kawade.co.jp/
マーク　tupera tupera
装幀　木庭貴信（オクターヴ）
印刷・製本　中央精版印刷株式会社
Printed in Japan　ISBN978-4-309-63103-5